LUSTIGE

UND

FASZINIERENDE

FAKTEN FÜR KINDER

Ein spannendes Buch voller Informationen für neugierige Kinder

von

RONNY the FRENCHIE

Bonus

Liebe Eltern,

Ich bin so glücklich, dass Ihr Kind mich auf meiner Entdeckungsreise begleitet! Da Sie dieses Buch in die Hand genommen haben, möchte ich mit Ihnen meine beliebten Bibelvers-Malvorlagen teilen! Scannen Sie einfach den QR-Code unten oder geben Sie riccagarden.com/ronny_freebies in Ihren Webbrowser ein. Trage einfach deine E-Mail ein, und ich schicke dir die Ausmalbilder zu!

(*Du musst mindestens 16 Jahre alt sein, um dich anzumelden)

Hier scannen

Dein Frenchie,
RONNY

THE STARS

YOU WILL SHINE AMONG THEM LIKE STARS IN THE SKY AS YOU HOLD FIRM TO THE WORD OF LIFE *Philippians 2:15*

IN PEACE I WILL LIE DOWN & SLEEP, FOR YOU ALONE O LORD, MAKE ME DWELL IN SAFETY. *Psalm 4:8*

Ricca's Garden

✉ info@riccagarden.com

Herausgeber: Ricca's Garden

Erster Druck: März 2023

Inhaltsverzeichnis

Herzlich willkommen!

Hallo Kinder, hier ist Ronny der Frenchie, eure Lieblings-Bulldogge!

Bist du bereit, dich auf eine super-duper Reise zu begeben, um die aufregendsten und interessantesten Dinge der Welt und des Universums kennenzulernen?

Es gibt viel zu entdecken, wenn man die Nase am Boden hat und ich muss es wissen – meine Nase ist immer auf der Suche nach neuen und interessanten Fakten (und vielleicht dem einen oder anderen vergrabenen Knochen)!

Ich war auf der ganzen Welt unterwegs, um alle möglichen lustigen und interessanten Fakten für dieses tolle Buch zu sammeln, weil ich weiß wie gerne Kinder etwas über die Welt lernen, in der sie leben.

Aber, pssst... ich verrate dir erst einmal ein kleines Geheimnis.

Früher war ich eine ganz normale Bulldogge, die den ganzen Tag schlief und viel sabberte; ihr wisst, was ich meine – ich wartete auf meine Mahlzeiten, auf jemanden, der mir das Ohr kraulte und auf meine täglichen Spaziergänge durch das schöne Paris.

Das Leben war einfach und schön. Bis zu dem Tag, an

dem ich während eines Gewitters auf die Spitze des Eiffelturms kletterte und von einem Donnerschlag direkt zwischen die Augen getroffen wurde! Aber keine Sorge! Ich wurde nicht verletzt – oh nein, es ist etwas wirklich Fabelhaftes passiert.

Mein Gehirn wuchs plötzlich um ganze fünf Zentimeter und begann tatsächlich zu arbeiten und verlangte nach mehr Nahrung – in Form von Wissen. Obwohl ich auch normales Essen immer noch liebe!

Also hörte ich auf, nach vergrabenen Knochen zu schnüffeln und fing an, Fakten zu erschnüffeln, um mein hungriges Gehirn zu füttern. Ich habe so viele interessante, aufregende, erstaunliche, beängstigende und beeindruckende Fakten gefunden, (puh, es hat mir den Atem verschlagen!) dass ich sie alle in einem super-duper Buch zusammenfassen musste, damit du sie lesen kannst. Übrigens, ich liebe auch normales Essen, vor allem Bananen!

"Oh, soll ich dir einen Bananen-Witz erzählen?"

Warum ist die Banane krumm?

-Weil niemand in den Urwald zog und die Banane gerade bog!

Meine zweite Lieblingsbeschäftigung, abgesehen vom Bananen essen natürlich – ist das Erforschen. Ich habe Abenteuer auf dem geheimnisvollen Amazonas erlebt, wo mich einmal ein Piranha in den Schwanz gebissen hat. Ich bin auf den Gipfel des Mount Everest gewandert, wo ich mir fast die Nase abgefroren habe. Das sind nur einige der aufregenden Abenteuer, die ich nie vergessen werde.

Du wirst nicht glauben, wie faszinierend unsere Welt und unser Universum sind. Es gibt so viel zu lernen; wusstest du zum Beispiel, dass deine Nase jedes Mal wärmer (allerdings nicht länger) wird, wenn du eine Lüge erzählst? Dieses Phänomen nennt man den "Pinocchio-Effekt". Wie komisch ist das denn?

Diese Tatsache wurde in einer Studie der Abteilung für experimentelle Psychologie der Universität Granada entdeckt. Die Entdeckung wurde durch eine "Thermografie" gemacht, ein Gerät zur Messung der Körpertemperatur (Pinocchio-Effekt 2012).

Wenn du also das nächste Mal beschließt, deiner Mutter einen Schwindel zu erzählen, solltest du besser darauf achten, dass sie deine Nase nicht berührt! Meine ist immer kalt, was ein Zeichen für meine gute Gesundheit ist und auch ein Hinweis darauf, was für eine gute kleine Bulldogge ich bin.

Wenn du diese Tatsache faszinierend findest, wirst du die Informationen sicherlich lieben, die ich in jedem Kapitel über all deine Lieblingsthemen von Wissenschaft bis Sport und vieles mehr gesammelt habe.

Keine Sorge, dies ist kein typisches, langweiliges Buch! Ich weiß, wie sehr du es magst, neue Dinge über lustige und einzigartige Themen zu lernen. Deshalb habe ich eine Menge spannender Fakten hinzugefügt, damit du beim Lesen nicht einschläfst – was nicht passieren wird!

Bulldoggen-Versprechen!

Kapitel 1:
Wissenschaft
und Technologie

Ich muss zugeben, dass Wissenschaft und Technik auch für mich faszinierende Themen sind. Und nein – das macht mich nicht zu einem Nerd!

Okay, du hättest nie erwartet, dass eine Bulldogge der Meinung ist, dass alles mit Mathe zu tun hat! Aber da ich keine gewöhnliche Bulldogge bin, weiß ich es besser. Und das wirst du auch. Sieh dir diese erstaunlichen Fakten über Mathe an.

Erstaunliche und coole Fakten über Mathematik

Okay, wirst du jetzt misstrauisch, weil ich die Worte "cool" und "Mathe" im selben Satz verwende? Ich möchte dir zeigen, dass Mathe wirklich cool sein kann und dass die Liebe zu diesem Fach dich zu mehr als nur einem Nerd macht. Mathe macht dich superschlau und bereit, dich jeder Herausforderung zu stellen.

Total lustige und coole Mathe-Fakten

Es gibt nur eine einzige Zahl, die genauso viele Buchstaben hat wie die Zahl selbst.

Kannst du herausfinden, welche Zahl das ist?

Antwort: Vier — die 4 ist die einzige Zahl mit einer übereinstimmenden Anzahl an Buchstaben.

Wenn du das schon wusstest, wackle mit dem Schwanz! Oops, ich habe vergessen, dass du wahrscheinlich keinen Schwanz hast. In diesem Fall kannst du dir auf die Schulter klopfen!

Die römischen Ziffern haben keine Null. Hast du das jemals bemerkt?

Römische Ziffern beginnen mit der Zahl eins (I) und haben keine Null. Hier sind einige interessante Fakten über das Konzept der Null.

Die alten Römer benutzten ihre Ziffern nur für den Handel, um zu wissen, für wie viel Geld und mit wie vielen Waren sie handelten. Daher sahen sie keine Notwendigkeit für eine Null als Teil ihres Zahlensystems.

Die Römer fanden dies auch praktisch, da sie im Rechnungsbuch keine Spalte für eine Null einrichten mussten. Stattdessen verwendeten sie das Wort "nulla", um das "Nichts" zu bezeichnen (nulla bedeutet im Lateinischen nichts). Liebst du dieses Wort nicht auch? Das Nichts!

Wie du sicher weißt, hatten die Römer keine Rechnungsmaschinen, sondern benutzten für ihre mathematischen Bedürfnisse einen Abakus, der auch als Zählrahmen bezeichnet wird. Der Abakus hatte auch keine Spalte für die Null.

Römische Ziffern

I	II	IV	V	X	L	C
1	2	4	5	10	50	100

Die alten Griechen kannten zwar die Null, wie zum Beispiel "es gibt keine Orangen". Sie sahen aber keine Notwendigkeit für ein Symbol zur Darstellung dieses Konzepts. Der große Aristoteles (von dem ich nur annehmen kann, dass er ein Hundeliebhaber war) entschied, dass es wirklich keine Notwendigkeit für die Null gibt, da man eine Zahl nicht durch Null dividieren kann und dabei ein bedeutendes Ergebnis erhält. Zum Beispiel kann man nicht null Knochen mit null Knochen addieren und einen hungrigen Hund füttern.

Die erste Null tauchte vor etwa 1 500 Jahren in Indien in einem Abakus auf, als ein Punkt verwendet wurde, um eine Null in einem Abakus zu symbolisieren. Dieser Punkt wurde mit der Zeit vergrößert und entwickelte sich zu der '0', die wir heute alle kennen.

Etwa im 8. Jahrhundert n. Chr. wurde die Null immer bekannter und weckte das Interesse eines Arabers namens al-Khwarizmi, der Mathematiker und

Reisender war. Er beschloss, dass es an der Zeit war, die '0' in Europa als Teil der arabischen Standardzahlen einzuführen, die wir heute alle verwenden (du weißt schon: 1, 2, 3, 4 und so weiter).

Am Anfang war die '0' kein großer Hit in Europa. Die Italiener waren ziemlich misstrauisch und mochten es nicht, wenn sich eine Null in ihr traditionelles Zahlensystem einschlich. Die arme '0' wurde als "überflüssig" gebrandmarkt. Im Jahr 1299 wurde sogar ein Gesetz erlassen, das die Verwendung der Null oder der neu eingeführten arabischen Ziffern in Dokumenten oder Verträgen in Italien verbot (Junge, die liebten ihre römischen Ziffern wirklich). Und so haben die römischen Ziffern bis heute keine Null.

ITALIEN

Obwohl arabische Ziffern weltweit am weitesten verbreitet sind, werden römische Ziffern immer noch zur Angabe von Buchkapiteln, zur Verfolgung von Super Bowls der National Football League und zur Kennzeichnung der Stunden auf dem Zifferblatt einer Uhr verwendet. Sogar in der Chemie und zur Anzeige der olympischen Winter- und Sommer-Titel werden bis heute römische Ziffern benutzt. Sind das nicht coole Fakten?

Ein Tortendiagramm wird Camembert genannt

Camembert ist ein herrlicher französischer Weichkäse, aber in Frankreich ist er nicht nur ein Käse. In meinem Heimatland bezeichnet 'Camembert' auch ein Kuchendiagramm oder ein Kreisdiagramm. Da wir Franzosen unseren Käse lieben, erinnert uns ein Kuchendiagramm an unsere cremige Camembert-Käselaibe. Wenn du also in Frankreich gebeten wirst, Camembert zu zeichnen, solltest du jetzt wissen, was damit gemeint ist.

Interessante Fakten über Tortendiagramme:

Das runde Tortendiagramm mit Kreissektoren zur Darstellung von Werten scheint die meisten Gesellschaften auf der ganzen Welt an Essen denken zu lassen. Daher hat ein einfaches Kuchendiagramm viele köstliche Namen (oh, ich bekomme Hunger!).

In China wird ein Kuchendiagramm oft als Fladenbrot oder rundes Keks-Diagramm bezeichnet.

In Portugal und Brasilien wird sie sogar Pizza-Diagramm genannt.

Wie in Deutschland wird es auch in der Türkei, Italien, Schweden und Norwegen als Kuchendiagramm bezeichnet. Ich würde es Bananenkuchen nennen.

Obelus

Weißt du, was ein Obelus ist? Es ist der Name des Divisions Symbols ($\div$). Dieses Symbol (Obelus) wurde erstmals im Jahr 1659 zur Darstellung der Division in der Mathematik verwendet. Es wurde in einem Algebra-Buch namens Teutsche Algebra von Johann Rahn, einem Schweizer Mathematiker, eingeführt. Johann Rahn ist auch derjenige, der dieses Symbol $\therefore$ eingeführt hat – was "deshalb" bedeutet.

Mathematische Symbole existierten vor dem 14-16 Jahrhundert nicht

Kinder, ihr habt richtig gelesen – bis etwa zum 14. bis 16. Jahrhundert gab es keine Symbole, die Addition, Subtraktion, Division und vieles mehr anzeigen. Stattdessen benutzten die Menschen Worte, um die Gleichungen anzugeben.

Wahrscheinlich haben die Lehrer zum Beispiel geschrieben: "Addiere 12 zu 21" oder "100 geteilt durch 10 ist gleich 10". Die Menschen brauchten mehr Zeit, die Aufgabe zu schreiben, als die Lösung zu finden. So wie Johann Rahn die mathematische Version des Obelus erfand, um ÷ anzugeben, erfanden auch andere Mathematiker im Laufe der Zeit mathematische Symbole. Wie viele Mathematikerinnen und Mathematiker kennst du, die mathematische Symbole erfunden haben?

Ein Jiffy (ähnlich wie ein Augenblick) ist eine tatsächliche Zeiteinheit

Ich traf einen sehr klugen Mathematiker in Ägypten, als ich dort dem Duft einiger wirklich köstlich riechender Knochen in einer Pyramide folgte. Als ich ihm sagte, dass ich mir die Sphinx ansehen und in einem Jiffy zurück sein würde, spottete er und meinte, die Sphinx sei viel zu weit weg, als dass ich in einem Jiffy zurück sein könnte. Denn ein Jiffy ist eine Zeiteinheit: 1/100 einer Sekunde, um genau zu sein. Meine Güte, ich dachte die ganze Zeit, es sei nur ein Begriff, mit dem man "schnell" meint!

In der Computeranimation wird der Begriff 'Jiffy' verwendet, um die Wiedergabezeit zu definieren, die 1/100 einer Sekunde beträgt. Daher wird der Zeitrahmen in Jiffies gemessen. Jiffies werden als Zeiteinheiten in der Elektronik und auch in der Physik verwendet.

Wenn deine Mutter dich also das nächste Mal bittet, in einem Jiffy (Augenblick) zurück zu sein, solltest du um mehr Zeit bitten - es sei denn, du hast Superkräfte!

Die abergläubische Zahl Dreizehn

Wenn man die Wörter "zwölf plus eins" schreibt, sind es genau dreizehn Buchstaben! Wahnsinn! Nicht nur die Zahlen selbst (12 + 1) ergeben 13, sondern auch die 13 Buchstaben, mit denen die Gleichungen selbst geschrieben werden. Das ist eine ziemlich geniale Tatsache und ein tolles Wissen, mit dem du deine Freunde beeindrucken kannst, wenn du mich fragst. Die Dreizehn ist auch eine Zahl, mit einer biblischen Bedeutung. Beim letzten Abendmahl mit Jesus waren 13 Jünger anwesend – Judas, der Verräter, war der 13. Jünger! Im Laufe der Zeit wurde die Zahl 13 mit Unglück in Verbindung gebracht. In manchen Hotels gibt es nicht einmal ein Zimmer mit Nummer 13. Einige Hotels verzichten sogar darauf, Stockwerke mit der 13 zu nummerieren und nehmen stattdessen nach der 12 direkt die Nummer 14.

Ich habe gerade Lust auf Bananenkuchen, also lasst uns eine Pause einlegen! Es ist Zeit für ein Quiz, Kinder.

MATHE-QUIZ

1. Wer hat das Malen-nach-Zahlen-System erfunden?
2. In welchem Jahr wurde das Gleichheitszeichen (=) erfunden?
3. Wer hält im Guinness-Buch der Rekorde den Rekord als schnellster menschlicher Taschenrechner?
4. Wo wurden in der Geschichte die allerersten Rechenspiele gespielt?
5. Es gibt nur eine gerade Primzahl, wie lautet sie?
6. Die römische Zahl X entspricht welcher Zahl?
7. Zu welcher Zahl gibt es keine passende römische Zahl?
8. Welche Zahl wird von den meisten Menschen als Glückszahl angesehen?
9. Wie viele Brote würdest du bekommen, wenn du ein "Bäckerdutzend" bestellst?

Die Antworten findest du auf der nächsten Seite!

ANTWORTEN

1. **Wer hat das Malen-nach-Zahlen-System erfunden?**

   Leonardo da Vinci. Er benutzte das Malen-nach-Zahlen-System, um seinen Schülern und Lehrlingen die Grundlagen für die Auswahl geeigneter Farben für verschiedene Arten von Gemälden zu vermitteln. Er verteilte Schablonen mit Nummern, die anzeigen, welche Farbe an welcher Stelle zu verwenden war.

2. **In welchem Jahr wurde das Gleichheitszeichen (=) erfunden?**

   1557 von Robert Recorde

3. **Wer hält im Guinness-Buch der Rekorde den Rekord als schnellster menschlicher Taschenrechner?**

   Scott Flansburg aus Phoenix, Arizona, gewann am 27. April 2000 den Rekord für den schnellsten menschlichen Taschenrechner. Seitdem haben viele behauptet, der schnellste menschliche Taschenrechner zu sein. Aber Scotts Leistung ist die einzige, die bis jetzt aufgezeichnet wurde.

4. **Wo wurden in der Geschichte die allerersten Rechenspiele gespielt?**

   In Afrika, wo sie Mancala spielten.

Wusstest du, dass Mancala eines der ältesten Spiele der Welt ist, und möglicherweise auch eines der ältesten mathematischen Spiele? Die Ursprünge von Mancala lassen sich bis zu einer archäologischen Stätte namens Matara in Eritrea und Yeha in Äthiopien zurückverfolgen, wo das Spiel um 700 n. Chr. entstanden ist.

5. Es gibt nur eine gerade Primzahl, wie lautet sie?

Zwei

6. Die römische Zahl X entspricht welcher Zahl?

Zehn

7. Zu welcher Zahl gibt es keine passende römische Zahl?

Natürlich die Null

8. Welche Zahl wird von den meisten Menschen als Glückszahl angesehen?

Die Glückszahl sieben (Bonus: weil sieben oft für Vollkommenheit steht)

9. Wie viele Brote würdest du bekommen, wenn du ein "Bäckerdutzend" bestellst?

Dreizehn. Im Mittelalter wurden Bäcker, die zu wenig Brot verkauften, hart bestraft. Um Strafen wie zum Beispiel eine schwere Auspeitschung zu vermeiden, fügten die Bäcker ihrem Dutzend immer einen zusätzlichen Laib hinzu.

Berühmte Mathematiker, die geholfen haben, unsere Welt zu verändern

Numero uno, Ronny der Frenchie! Haha, nein, das ist nur ein Scherz, Kinder, obwohl ich mit meinem Superhirn auch einer sein könnte.

WER IST EIN MATHEMATIKER?

Jede Person, die bei ihrer täglichen Arbeit Mathematik einsetzt, um etwas herauszufinden.

Sogar du und ich sind zu verschiedenen Zeiten Mathematiker; wenn wir Mathe benutzen, um Probleme zu lösen oder bestimmte Dinge herauszufinden. Das stimmt – wir sind also alle coole Mathe-Katzen!

Mathematik ist eines der coolsten Fächer überhaupt, und ohne sie hätten wir ziemliche Probleme. Überleg mal - ohne Mathe hättest du nicht einmal ein Zuhause, weil deine Eltern keine Möglichkeit hätten, ihr Einkommen zu berechnen und ein Haus, ein Auto, Lebensmittel - oder sogar Hundefutter - zu kaufen!

Auch du kannst ein Mathe-Genie werden, genau wie diese berühmten Mathematiker, die uns geholfen haben, viele Probleme, Theorien und Formeln zu lösen. Wusstest du, dass es ohne die Hilfe einiger Top-Mathematiker, von denen ich einige unten aufgeführt habe, keine Wissenschaftler gäbe? Und keinen Tony Stark, der all die tollen Berechnungen auf seinem virtuellen Bildschirm durchführt, um den neuesten Iron-Man-Anzug zu erfinden?

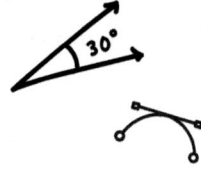

Das stimmt – die Mathematik spielt eine RIESIGE Rolle dabei, wie sich unsere Welt weiterentwickelt hat, und das verdanken wir vor allem den folgenden Menschen, die die Mathematik zu neuen Höhen geführt haben.

Charles Babbage

Charles Babbage gilt als der "Vater des Computers", weil ihm die Pläne für das erste mechanische Rechengerät der Welt zugeschrieben werden. Der Mathematiker und begabte Erfinder aus England (wo es köstliche Würstchen mit Kartoffelbrei gibt, die ich so gerne esse) konnte seine Arbeit nicht vollenden, weil ihm die Mittel fehlten. Aber seine Theorien und Vorschläge weckten ein neues Interesse an der Computerwissenschaft, für das wir heute dankbar sind.

Gräfin Ada Lovelace

Hier ist eine große Dame, die ich gerne kennenlernen würde. Ada Lovelace war die Tochter des berühmten englischen Dichters Lord Byron. Sie war eine der klügsten Frauen in England und arbeitete mit Charles Babbage zusammen. Gräfin Ada, die sich selbst als Analytikerin bezeichnete, half Babbage beim Bau seiner Analyse Maschinen und war die erste Computerprogrammiererin der Welt - wie cool ist das denn?!

Babbage schätzte Adas Intelligenz so sehr, dass er sie "Zauberin der Zahlen" nannte. Leider starb die reizende Gräfin im Alter von 36 Jahren, aber ihre wichtigen Notizen zum Programmieren haben uns geholfen, das allererste Computerprogramm zu entwickeln.

$$ax^2 + by^2 + c = 0$$

Sir Isaac Newton

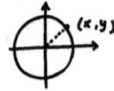

Hey Kinder, ich weiß, es ist noch zu früh, aber irgendwann werdet ihr euch fragen, wer die Infinitesimalrechnung erfunden hat. Nun, es war dieser Typ – Sir Isaac Newton.

Aber wusstest du, dass Sir Newton mehr als nur die Infinitesimalrechnung erfunden haben soll?

Er führte die Welt in die frühe Physik ein, wo er die Menschen dazu brachte, das Universum genauer zu betrachten, und entwickelte Theorien über Bewegung und Schwerkraft.

Die Theorie der Gravitationskraft. Wir alle kennen die Geschichte vom Apfel, der vom Baum fällt, und Sir Isaac, der die Schwerkraft entdeckt. Es weiß jedoch niemand mit Sicherheit, ob die Geschichte wahr ist. Aber Sir Isaac entdeckte mit Sicherheit die Theorie der Schwerkraft und erklärte eine universelle Kraft, die bewirkt, dass sich ruhende Teilchen zwischen Punkt

A und Punkt B bewegen.

Die wissenschaftliche Methode kann dazu beitragen, Theorien in Fakten zu verwandeln. Newton nutzte Beobachtungen, Berechnungen und die Ergebnisse bestimmter Phänomene, um eine Theorie mit Beweisen zu untermauern, anstatt sie nur zu theoretisieren.

Blaise Pascal

Der Erfinder der allerersten mechanischen Rechenmaschine, dieser sehr kluge Franzose aus meinem geliebten Frankreich, war ein großer Erfinder und Mathematiker. Der im 17. Jahrhundert berühmte Pascal war auch Physiker und soll die Theorie des Drucks und des Vakuums, das Roulette-Rad und die Spritze erfunden haben. (Ich bin mir nicht sicher, ob ich diese Erfindung mag, denn ich lasse mir beim Tierarzt nicht gerne Spritzen geben).

Theodore von Kármán

Der in Budapest geborene Theodore von Kármán verließ sein Heimatland, um in die Vereinigten Staaten zu kommen und für das CalTech zu arbeiten. Er half bei der Gründung von Aerojet, einem der größten amerikanischen Unternehmen für Raketen- und Flugkörper Antriebe.

Kármán war auch für die Entwicklung der Theorie des Überschallflugs verantwortlich und soll sogar den ersten Entwurf eines Hubschraubers erstellt haben. Er war auch an der Gründung der Luftfahrt-Forschungsgruppe der NATO beteiligt.

ERSTAUNLICHE FAKTEN ZUM WELTRAUM

Der Weltraum ist für unsere brillanten Wissenschaftler immer noch ein großes Rätsel, und wir müssen noch so viel über das Sonnensystem, ferne Galaxien, Planeten und Sterne lernen. Es gibt jedoch eine Menge cooler und erstaunlicher Fakten über den Weltraum, die wir kennen. Deshalb habe ich die NASA besucht, um weitere coole Fakten über den Weltraum zu erfahren, die dich vielleicht interessieren.

Wusstest du das schon? Weltraum-Fakten

Die Sonne ist eine Million Mal größer als die Erde.

Das bedeutet, dass eine Million unserer Erden in die riesige Sonne passen würden. Wir könnten jedoch nicht nahe genug herankommen, um es zu versuchen, denn die Sonne ist sehr, sehr heiß.

Nach Angaben der NASA hat ihr Kern eine Temperatur von 27 Millionen °F (15 Millionen °C), während die Oberfläche nur etwa 10.000 °F (ca. 5538 °C) heiß ist.

Auf dem Mars würde man einen blauen Sonnenuntergang sehen

Nach Angaben der NASA würde ein Sonnenuntergang auf dem Mars blau erscheinen. Der Grund dafür ist der feine Staub in der Atmosphäre, der dazu beiträgt, dass blaues Licht leichter in die Atmosphäre eindringen kann als andere Farben.

Die NASA hat tatsächlich ein Bild von einem Sonnenuntergang auf dem Roten Planeten (auch bekannt als Mars) veröffentlicht, das aufgrund der geringeren Staubpartikel in der Atmosphäre am Tag der Aufnahme eher ein gedämpftes Blau aufweist. Suche online nach NASA-Bildern vom Sonnenuntergang auf dem Mars, um dieses schöne Phänomen zu sehen.

Ein Tag auf der Venus ist fast ein Jahr auf der Erde

Wenn du einen Tag warten würdest, um deinen Geburtstag auf der Venus zu feiern, würdest du tatsächlich fast ein ganzes Jahr deines Lebens verpassen! Für mich sogar noch mehr, denn ein Hundejahr entspricht fünfzehn Menschenjahren.

Ein normaler Tag, der aus Tages- und Nachtzeit besteht, wird als "Sonnentag" bezeichnet.

Auf unserem schönen Planeten Erde beträgt ein Sonnentag 24 Stunden, also einen Tag.

Auf der Venus dauert ein Sonnentag 5.832 Stunden, was etwa 243 Erdtagen entspricht, oder fast acht Monate auf der Erde.

Ich werde die Venus in nächster Zeit nicht besuchen, denn ich möchte nicht als Ronny, der Opa Frenchie, zurückkehren!

Wissenswertes über die Ringe des Saturn ° ⊖

Sind die rotierenden Rasierklingen des Saturn Rings dazu da, sich nähernde feindliche Raumschiffe zu zerhacken? Nein, das sind sie nicht, aber ich stelle mir das gerne vor.

In Wirklichkeit bestehen die Ringe des Saturn aus verschiedenen Teilchen. Die NASA weiß das, denn sie hat jetzt insgesamt vier robotische Raumsonden hinauf geschickt, um herauszufinden, was es mit den Saturnringen auf sich hat. Diese Raumsonden heißen

| PIONEER 2 | VOYAGER I | VOYAGER II | CASSINI |

Hier sind einige Fakten, die sie über die Ringe des Saturn enthüllten.

Der Saturn ist von etwa 500-1000 Ringen umgeben.

Die Ringe sind 390.000 Kilometer breit, was fast der Entfernung von unserem Planeten Erde zum Mond entspricht (384.400 km). Allerdings sind die Ringe mit einer Höhe von bis zu 160km nicht sehr dick.

Jeder der Saturnringe besteht aus Partikeln. Einige sind riesig, etwa so groß wie ein Schulbus, während andere kleiner sind als eine Ameise und mit bloßem Auge nicht zu erkennen sind.

Genau wie in den Filmen gibt es Lücken zwischen den Ringen.

Die Raumsonde Cassini verbrachte die meiste Zeit mit der Erforschung der Saturnringe. Sie wurde 1997 gestartet und kam 2004 nach einer

siebenjährigen Reise an. Insgesamt 13 Jahre lang half sie den Wissenschaftlern der NASA, mehr über die Saturnringe, seine Monde und seine Atmosphäre zu erfahren.

Im Inneren der Raumsonde Cassini schickten Wissenschaftler eine Sonde mit. Sie trug den Namen Huygens (ausgesprochen: Hoy-guns). Die Sonde wurde in die Umlaufbahn des größten Saturnmondes geschickt, den die Wissenschaftler 'Titan' nannten. Die Bilder, die Huygens zurückschickte, waren erstaunlich und halfen den Wissenschaftlern der NASA, mehr über den Saturn zu erfahren.

Am 15. September 2017 führte Cassini seine letzte Mission durch und tauchte in die obere Atmosphäre des Saturns ein. Es war ein geplantes Manöver, das der NASA helfen sollte, mehr über die Oberfläche des Planeten zu erfahren, die bis dahin noch völlig unbekannt war. Die Sonde sendete kontinuierlich Daten an die Erde, während sie auf die Saturnoberfläche herabstürzte. Auf halber Strecke brach die Sonde auseinander und wurde Teil des Planeten, den sie in den letzten 20 Jahren erforscht hatte. (Entschuldigung, ich brauche eine Minute, um meine Tränen zu trocknen. Bye bye, Cassini und danke für die Erinnerungen!).

Weltraumschrott wird von uns erzeugt

Weltraumschrott, auch Weltraummüll genannt, besteht aus Resten von Satelliten, Raketenstarts, Lackresten, die von Raketen abblättern und sogar aus dem einen oder anderen heruntergefallenen Schraubenschlüssel, als Astronauten versuchten, Raumstationen oder Satelliten zu reparieren.

Bereits in den 1950er Jahren haben wir Satelliten und Raketen in den Weltraum geschossen. Der im Weltraum verbleibende Schrott stellt allmählich eine Bedrohung dar. Die Wahrscheinlichkeit, dass kürzlich gestartete Raumschiffe auf Weltraumschrott stoßen, ist laut Wissenschaftlern sehr hoch.

Mit Stand vom 1. Juni 2021 gibt es über 6.542 Satelliten, die die Erde derzeit umkreisen. Davon sind 3.372 aktive Satelliten, während 3.172 inaktive Satelliten sind.

Wenn wir mit einer Rakete ins All fliegen würden, müssten wir auf diese 3.172 inaktiven Satelliten und andere Weltraumtrümmer achten, die jeden Moment auf uns zukommen könnten!

Der erste Satellit der Welt

Der erste Satellit der Welt, der gestartet wurde, war Sputnik.

Die Sowjetunion startete Sputnik am 4. Oktober 1957 um 19:28:34 UTC. Das war eine große Errungenschaft für die Menschheit und die Erforschung des Weltraums.

Sputnik war als glänzende Metallkugel gebaut und hatte die Größe eines Basketballs mit einem Gesamtgewicht von 83,6 kg.

Sputnik wurde mit einer riesigen Rakete ins All geschossen.

Er umkreiste die Erde drei Wochen lang und legte dabei eine Strecke von insgesamt 43,5 Millionen Meilen (ca. 70 Millionen Kilometer) um unseren Planeten zurück. Sputnik hielt drei Monate durch, bevor seine Batterien leer waren und er schließlich aus der Umlaufbahn fiel und durch die Erdatmosphäre stürzte.

Im Inneren des Sputniks befand sich ein winziger Funksender, der einen Piepton zur Erde sendete, den Menschen auf der ganzen Welt über das Radio hören konnten.

Sputnik sollte "Mitreisender" bedeuten, obwohl in Russland "Sputnik" heute umgangssprachlich für "Satellit" steht.

Die Geburt der NASA

Nach dem Start von Sputnik beschlossen die USA, dass es an der Zeit war, in die Weltraumforschung einzusteigen. Genau ein Jahr nach dem Start des ersten Satelliten der Welt durch die UdSSR gründete US-Präsident Dwight Eisenhower die National Aeronautics and Space Administration (NASA). Dies war der offizielle Startschuss für das sogenannte "Weltraumrennen" zwischen den USA und Russland.

Mit dem Start der NASA und dem Wettlauf ins All machten sowohl die USA als auch Russland große Fortschritte in der Weltraumforschung, was 1969 zur ersten Mondlandung der USA führte.

Die erste Mondlandung

Am 20. Juli 1969 umkreiste das erste Raumschiff mit Astronauten an Bord den Mond. Apollo 11 hob mit den Astronauten Neil Armstrong, Buzz Aldrin und Michael Collins an Bord ins All ab.

Neil Armstrong und Buzz Aldrin stiegen in die Mondlandefähre namens Eagle (Adler) und stiegen zum Mond hinab. Michael Collins blieb in Columbus, dem Hauptkommando Modul, das von Apollo 11 abgetrennt wurde.

Die Eagle landete auf dem Teil des Mondes, der Sea of Tranquility genannt wird. In diesem Moment sagte Armstrong die berühmten Worte: "Der Adler ist gelandet!"

Neil Armstrong war der erste Mensch, der den Mond betrat, gefolgt von Buzz Aldrin. Die NASA hörte von Armstrong: "Das ist ein kleiner Schritt für einen Mann, aber ein großer Schritt für die Menschheit" (20. Juli 1969, 2019).

Wenn man einen Fußabdruck auf dem Mond hinterlässt, wird er eine Million Jahre lang dort sein

Nach Angaben der NASA bleiben die Fußabdrücke auf dem Mond fast ewig erhalten, weil der Mond keine Atmosphäre hat. Es gibt keinen Wind und keine Wasserströmung, welche die Fußabdrücke auslöschen könnte.

Ein Hund war das erste Lebewesen, das ins All geschickt wurde

Richtig, Kinder, auch wir Hunde können Geschichte schreiben! Laika, ein russischer Hund, war das erste Lebewesen, das am 3. November 1957 ins All geschickt wurde. Laika, ein Straßenhund, wurde für ihre Reise ins All ausgewählt und trainiert. Sie war ein sehr tapferer Hund, obwohl sie Anzeichen von Unruhe und Angst zeigte. Laika flog an Bord von Sputnik

2 ins All. Leider stürzte die Rakete auf die Erde ab, aber Laika lebt für immer als das erste Lebewesen weiter, das ins All geschickt wurde.

INTERESSANTE TECHNISCHE FAKTEN

Es gibt viele spannende Themen, wenn es um Technologie geht, und jedes davon ist auf seine eigene Art und Weise umwerfend. Du wirst erstaunt sein, wie viele Informationen ich auf meinen Abenteuern sammeln konnte. Unsere Welt entwickelt sich ständig weiter und verändert sich durch die vielen Genies, die neue Technologien erfinden, um unser Leben einfacher und interessanter zu machen. Obwohl ich zugeben muss, dass es nichts Besseres gibt, als frühmorgens im Park herumzulaufen und mit meinem menschlichen Freund Frisbee zu spielen.

Schau dir diese coolen technischen Fakten an und finde heraus, was dich am meisten interessiert! Vielleicht wirst du ja auch ein großer Erfinder! Ich suche einen außergewöhnlichen Mechaniker, der mir bei der Wartung meiner Zeitmaschine hilft, mit der ich mehr über die Vergangenheit erfahren möchte. Aber dazu später mehr. Jetzt wollen wir uns ein paar wirklich spannende technische Fakten ansehen!

Glasfaserkabel – das Rückgrat der modernen Kommunikationsinfra-struktur

Dies ist die am weitesten verbreitete und schnellste Technologie zur Übertragung von Informationen über das Internet. Glasfaserkabel ersetzen Kupferkabel, da sie schneller sind, klare und schärfere Bilder liefern und insgesamt von höherer Qualität sind.

Optische Fasern sind so dünn wie eine Haarsträhne und bestehen aus einer Mischung aus Kunststoff und Quarzglas. Ein Bündel der Fasern wird zu einem Kabel zusammengedreht, ähnlich wie wenn man ein Bündel Haare nimmt und es aufdreht.

Die dünnen Fasern, die von einer äußeren Hülle umschlossen sind, werden als Kern eines Glasfaserkabels bezeichnet und senden Daten in Form von Licht.

Ihr wisst doch, wie schnell sich das Licht bewegt, oder, Kinder?

Die Glasfasertechnik nutzt Licht, um Informationen superschnell von einem Ort zum anderen zu senden. Die Daten werden von einem Sender in Licht umgewandelt und wandern so schnell durch das Kabel, dass sie in Nanosekunden große Entfernungen erreichen können. Glasfaserkabel werden in Telefonen und Computerkabeln verwendet.

Ärzte verwenden sie, wenn sie sehen wollen, was in deinem Körper vor sich geht. Ein Gerät namens "Endoskop" besteht aus einem Bündel optischer Fasern. Es ermöglicht den Ärzten, das Innere deines Körpers zu

sehen. Einige dieser Fasern reflektieren Licht und leuchten das Innere des Körpers aus. Endoskope sind mit kleinen Kameras ausgestattet, die Bilder im Körper aufnehmen, die der Arzt dann sehen kann.

Mit einer Endoskopie haben die Ärzte herausgefunden, wo der Schlüssel, den ich versehentlich verschluckt hatte, in meinem Bauch saß. Ich kann mit Sicherheit sagen, dass ich ihn innerhalb von zwei Tagen wieder ausgeschieden habe – widerlich, ja, ich weiß!

Das erste optische Telefon wurde von Alexander Graham Bell in den 1880er Jahren erfunden, aber erst in den 1970er Jahren wurden Glasfasern für das Telefon zur Datenübertragung eingesetzt.

Weitere interessante Fakten zu Faseroptik und Licht

Das Konzept der Datenübertragung mit Hilfe von Licht wurde erstmals von zwei französischen Erfindern in den 1840er Jahren entwickelt. Ihre Namen waren Jacques Babinet und Daniel Colladon. Sie zeigten, wie Licht durch Brechung über große Entfernungen geleitet werden kann. Wahnsinn! Wir Franzosen sind wirklich schlau!

Weißt du, was Lichtbrechung bedeutet?

Wenn Lichtstrahlen davon abgehalten (abgelenkt) werden, einen einzigen vertikalen oder horizontalen Weg zu gehen, und in andere Richtungen abgelenkt werden, nennt man es 'Lichtbrechung'.

Nachdem das Konzept der Lichtbrechung zur Überbrückung großer Entfernungen bekannt war, fanden Wissenschaftler neue Wege, um Licht zu manipulieren und für die Datenübertragung zu nutzen.

Im Jahr 1850 führte John Tyndall – ein sehr kluger Erfinder aus Irland, ein Experiment durch, um zu zeigen, wie sich Licht durch Wasserfontänen ausbreiten kann.

Seine Demonstrationen waren so inspirierend, dass ein anderer sehr kluger Erfinder und Wissenschaftler aus dem nahe gelegenen Schottland – John Logie Baird, das erste Fernsehgerät der Welt entwickelte.

Logie Baird führte eine Vorführung durch und übertrug Bilder, die sich zum Erstaunen aller bewegten! Diese allererste Demonstration eines funktionierenden Fernsehers fand 1925 im Londoner Institut statt. Meine Güte, wie weit hat es das Fernsehen seit seinen bescheidenen Anfängen gebracht! Jetzt wissen Sie, wie lange es gedauert hat, bis die Techniker das Fernsehen perfektioniert haben und uns Smart TVs anbieten können – wer weiß was als Nächstes kommt!

John Tyndall und seine Experimente mit Licht und Wasserfontänen inspirierten einen anderen sehr klugen Wissenschaftler – Narinder Singh Kapany, der 1952 in England das allererste Glasfaserkabel erfand.

In den 1990er Jahren, als das Internet immer beliebter wurde, wurden Glasfaserkabel weiterentwickelt und auf der ganzen Welt verlegt, um uns alle durch die Lichtbrechung zu verbinden – ist das nicht einfach fantastisch?

Dank eines einfachen Konzepts aus den 1840er Jahren kann ich jetzt meinen Lieblings Bananenkuchen mit einem Mausklick online bestellen. Ups, das ist die Türklingel – Kinder, Zeit für meinen Nachmittagstee!

Schnelle Fakten zum Mobiltelefon

Wir alle wissen, was ein Mobiltelefon ist, das auch als Handy oder Handphone bezeichnet wird und inzwischen auch als Smartphone bekannt ist. Deine Eltern und deine Geschwister haben es – vielleicht besitzt sogar du eines.

Ich habe mein eigenes Pfoten Telefon.

Ich habe die neueste Version, denn eine neugierige Bulldogge wie ich muss immer in Verbindung bleiben. Und das ist genau das, was ein Handy tut – es hält dich in Verbindung und noch VIEL mehr.

Handys: Wusstest du das?

Ein tragbares Telefon, das in der Lage ist, Anrufe und Textnachrichten zu senden und zu empfangen, wird als Mobiltelefon oder Handy bezeichnet.

Das erste tragbare Telefon wurde als "zelluläres" Telefon bezeichnet. Die Bereiche, welche die von den ersten Mobiltelefonen ausgestrahlten Funksignale empfingen, waren in Bereiche unterteilt, die als Zellen bezeichnet wurden.

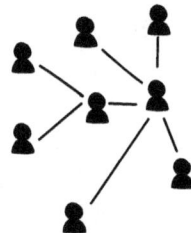

Ein Smartphone erfüllt dieselbe Funktion wie ein Mobiltelefon, hat aber viel mehr Möglichkeiten, da es auch ein Minicomputer ist, der eine Vielzahl von Aufgaben ausführen kann – zum Beispiel Minecraft spielen – mein Lieblingsspiel!

Das erste Mobiltelefon der Welt

Martin Cooper erfand am 3. April 1973 das erste Mobiltelefon der Welt. Er rief Joel S. Engel an, der sein Erzfeind war und bei den Bell Labs arbeitete – ja, Sie haben es erraten, Joel war der Konkurrent. Cooper rief ihn an, um ihm von seiner erstaunlichen Erfindung zu erzählen.

Das allererste Mobiltelefon wurde 1983 an die Öffentlichkeit verkauft. Es handelte sich um das Motorola DynaTAC 8000x, das fast die Größe eines Ziegelsteins hatte und sicherlich nicht in die Hosentasche passte. Aber man konnte es mit sich herumtragen und es war mobil. Die Leute liebten es also als eine Art Statussymbol.

Dieses Telefon trug den Spitznamen "der Ziegelstein" und war mit einem Gewicht von etwa zwei Pfund schwer zu transportieren. Und das Beste – oder vielleicht auch das Schlimmste – war, dass der Akku nur 30 Minuten hielt. Der schwache Akku ließ den Preis von 3.995 US-Dollar für viele Menschen zu hoch erscheinen, um in ein Mobiltelefon zu investieren.

Smartphone-Fakten

Das allererste Smartphone, das erfunden wurde, hieß Simon Personal Communicator (SPC). Es bot einige der grundlegenden Funktionen moderner Smartphones, die du und ich gerne benutzen, um YouTube anzusehen. Das 1992 von einem Unternehmen namens IBM erfundene SPC-Telefon hatte einen Touchscreen, den man mit Hilfe eines Stiftes bedienen konnte. Der Akku hielt eine ganze Stunde lang.

Das allererste Apple iPhone wurde 2007 von Steve Jobs der Welt vorgestellt. Er enthüllte seine Kreation auf der Macworld Convention. Das überlegene Telefon hatte eine Reihe von Funktionen, die jeder liebte. Kamera, Touchscreen, iPod, und es war das erste Mobiltelefon, das Internetfunktionen bot – toll!

Mit diesem allerersten iPhone führte Jobs ein, was er eine "Killer-App" nannte. Weißt du, was das war? Ganz einfach – es war das Annehmen von Anrufen. Mit keinem anderen Telefon war es so einfach, einen Anruf zu tätigen wie mit dem Apple iPhone. Seht ihr, Kinder, bevor das Smartphone aufkam, mussten wir auf einem Mobiltelefon Tasten drücken, um einen Anruf zu tätigen. Wir konnten nicht einfach nach einer Nummer suchen und den Bildschirm berühren, um sie zu wählen; die Telefonnummer musste manuell eingegeben werden – blöd, wenn man aus Versehen die falsche Taste gedrückt hat. Frag mal deine Eltern, wie sie vor dem Aufkommen des Smartphones Nummern auf Telefonen gewählt haben.

Der beste Teil der Enthüllung war, als Steve Jobs bei Starbucks anrief.

Ich war dabei und staunte nicht schlecht, als er die App für Google Maps öffnete, Starbucks ausfindig machte und den Laden direkt über die App anrief.

"Ich möchte bitte 4.000 Lattes zum Mitnehmen bestellen", sagte Steve Jobs am Telefon.

Dann sagte er:

"Nein, ist nur ein Scherz, falsch verbunden. Vielen Dank. Bye-bye. Ok" (Dubey, 2021).

Ich wollte eigentlich einen Milchkaffee, aber ich war zu erstaunt darüber, was dieses kleine Gerät in Job's Hand zu leisten imstande war. Der Rest ist, wie du weißt, Geschichte.

Einige " wusstest du schon?" zufällige technische Fakten

Hast du schon mal von Hedy Lamarr, der Schauspielerin gehört?

Vielleicht auch nicht. Sie war eine junge Schauspielerin in der Zeit deiner Großeltern, aber es ist wichtig, etwas über sie zu wissen. Die in Österreich geborene amerikanische Schauspielerin war nicht nur sehr talentiert und spielte in über 30 Filmen mit, sondern war auch eine Erfinderin! Sie erfand eine grundlegende Version der

Frequenzsprung-Kommunikationstechnologie. Was ist das? Nun, es war eine Art Anfangsversion oder die Blaupause für das, was wir heute WiFi, GPS und Bluetooth nennen – eine kluge Frau!

Das Logo auf Firefox

Firefox ist der Spitzname für den Roten Panda, eine vom Aussterben bedrohte Tierart, die eher einem Fuchs als einem Panda ähnelt.

Es scheint eine Kommunikationspanne gegeben zu haben, als der Name Firefox für den Webbrowser Mozilla Firefox verwendet wurde – Alle dachten, dass mit "firefox" ein roter Fuchs gemeint sei.

Um die Dinge zu vereinfachen, wurde der Name Firefox mit dem Bild eines Fuchses anstelle eines roten Pandas kombiniert. Es war für die Leute einfacher den Namen mit dem Logo zu verbinden, obwohl Firefox technisch gesehen immer noch der Spitzname ist, der sich auf den roten Panda bezieht – eine coole Tatsache!

Bildschirm Verrückt

Hier eine verrückte Tatsache: Die Menschen in den USA haben mehr Bildschirme (einschließlich Fernseher, Laptops, Smartphones usw.) in ihren Häusern, als Menschen dort leben.

Nokia war ein Toilettenpapier Verkäufer

Bevor sich Nokia zu einer führenden Telefonmarke entwickelte, verkaufte das Unternehmen in den 1960er Jahren Toilettenpapier, Autoreifen, Computer und verschiedene Arten von Elektronik.

In den 1980er Jahren war das Unternehmen in fast allen Bereichen gescheitert, außer in der Telekommunikation. Deswegen schloss sich Nokia mit Motorola zusammen, um die Mobiltelefonindustrie in den 1980er Jahren zu entwickeln und zu einer der größten Marken für Mobiltelefone zu werden. Nokias Ruhm als Top-Handy-Marke war jedoch nur von kurzer Dauer – Obwohl es immer noch Nokia-Telefone auf dem Markt gibt, sind sie kaum so beliebt wie die berühmten Marken, die du und ich kennen.

Die Zahl der Mobiltelefone ist größer als die Zahl der Toiletten auf der ganzen Welt

Es gibt Orte, an denen ein Handy leichter zu finden ist als eine Toilette – ganz gleich, wie dringend du eine Toilette brauchst.

Eine 2014 von UNICEF durchgeführte Umfrage ergab, dass über 6 Milliarden Menschen der Weltbevölkerung ein Mobiltelefon besitzen, während nur 4,5 Milliarden Zugang zu einer Toilette haben (BRINK-Redaktion, 2014).

Andererseits tragen Mobiltelefone mehr Bakterien als ein Toilettensitz

Ich bin zwar kein Hund, der aus der Toilette trinkt, aber laut dieser Studie befinden sich auf einem Handy mehr Bakterien als auf dem Toilettensitz. Eeeewwww.

Eine kürzlich durchgeführte Studie ergab, dass auf den Handys von Schülern über 17.000 verschiedene Bakterienarten krabbelten – ekelhaft! (Kõljalg et al., 2017).

Das liegt daran, dass wir unsere Handys immer in der Hand

tragen, und unsere Hände enthalten eine Vielzahl von Mikroben, die aber nicht wirklich schädlich oder krankheitsverursachend sind. Sobald sie sich jedoch mit dem von der Haut abgesonderten Fett vermischen, vermehren sich die Mikroben auf dem Telefon und verwandeln sich in verschiedene Arten von Bakterien. Die gute Nachricht ist, dass sie nicht immer schädlich sind. Puh, Gott sei Dank. Aber es ist eine gute Idee, sich die Hände zu waschen, nachdem man ein fremdes Handy benutzt hat und es nicht ständig in der Hand zu tragen.

MODERNE TECHNOLOGIE UND IHRE ENTWICKLUNG –GUT ZU WISSEN

Technologie trägt dazu bei, unser Leben zu verbessern. Im Laufe der Geschichte gab es einige großartige Erfinder, die erstaunliche Erfindungen gemacht haben, die heute zu unserem Alltag gehören. Werfen wir einen Blick auf einige moderne technische Erfindungen, die dazu beigetragen haben, die heutige Welt zu gestalten.

Das Fließband

Das Fließband ist ein wichtiges Instrument, das die Hersteller einsetzen, um die hohen Anforderungen der Verbraucher zu erfüllen. Am Fließband werden Waren in sehr großen Mengen in kurzer Zeit hergestellt. Hast du zum Beispiel gesehen, wie Autos auf einem langen Fließband Stück für Stück zusammengebaut werden? Jeder Arbeiter hat eine Aufgabe zu erfüllen und baut einen Teil des Autos zusammen, während die Teile über ein Förderband laufen.

Henry Ford perfektionierte das Fließband

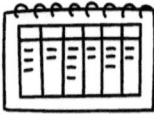

Das Konzept der Massenproduktion von Autos wurde von keinem Geringeren als dem großen Henry Ford entwickelt. Ford, dem die Feinabstimmung des Fließbandes zugeschrieben wird, stellte am 1. Dezember 1913 das erste funktionierende Fließband vor. Früher dauerte die Herstellung eines ganzen Autos 12 Stunden, aber auf dem superschnellen Fließband konnte ein einziges Auto in nur einer Stunde und 33 Minuten hergestellt werden – fantastisch!

Der Grund für die Massenproduktion von Autos war Henry Fords Wunsch, Autos zu erschwinglichen Preisen anzubieten, da er wollte, dass jeder ein Auto besitzen konnte. Also beschloss er, die Herstellung seines 'Modell T' in 84 Schritte zu unterteilen und jeden Arbeiter mit der Montage eines Teils zu beauftragen. Auf diese Weise wurde das Fließband in den USA perfektioniert.

Schon bald übernahmen Roboter die Arbeit und ersetzten die Menschen, die am Fließband arbeiten. Viele Arbeitsplätze gingen verloren. Die Hersteller fanden die Roboter praktisch, da sie selbständig und schnell arbeiteten und in der Lage waren, die einzelnen Aufgaben effizient und fehlerfrei zu bewältigen.

Energie und wie sie sich entwickelt hat

Sonnenenergie

Zu Beginn des 20. Jahrhunderts machten sich Wissenschaftler die Sonnenenergie zunutze. Es wurden verschiedene Methoden angewandt, um die Energie der Sonne optimal zu nutzen. So wurden beispielsweise Solarzellen entwickelt, um die Sonnenenergie zu nutzen und zu speichern – ähnlich wie beim Aufladen einer Batterie. Die gespeicherte Sonnenenergie wird für viele Aufgaben genutzt – zum Beispiel für die Stromerzeugung und die Warmwasserbereitung.

Die auf den Dächern Ihres Hauses und anderer Gebäude installierten Solarmodule enthalten Zellen, die die Sonnenenergie nutzbar machen und speichern. Diese Energie wird dann zur Stromerzeugung im gesamten Gebäude verwendet.

Kernenergie

Atome bilden so gut wie alles um uns herum und sind die kleinste Einheit der Materie. Plasma, Feststoffe, Gase und Flüssigkeiten bestehen alle aus winzigen Atomen, die sich zusammenballen und durch sehr starke Energie an ihrem Platz gehalten werden.

Wissenschaftler haben einen Weg gefunden, die Energie, welche die Atome zusammenhält, nutzbar zu machen. Sie wird als "Kernenergie" bezeichnet und wurde erstmals zur Entwicklung der Atombombe in den USA genutzt, die den Zweiten Weltkrieg beendete.

J. Robert Oppenheimer entwickelte die Atombombe (A-Bombe) als eine der allerersten Kernwaffen der Welt.

Heute haben Wissenschaftler gelernt, die Kernenergie für bessere Zwecke zu nutzen, wie zum Beispiel für die Erzeugung von elektrischem Strom. Die Atome werden aufgespalten und diese Energie wird zur Erzeugung von Elektrizität nutzbar gemacht.

Die Atome werden gespalten, um an die Energie zu gelangen, die sie zusammenhält. Wissenschaftler nennen diesen Vorgang "Kernspaltung". Um Strom für unsere Häuser zu erzeugen, werden die Atome so gespalten, dass die Energie langsam freigesetzt wird. Wenn die Atome jedoch gespalten werden, um ihre Kernenergie plötzlich und schnell freizusetzen, kommt es zu einer gewaltigen Explosion – so funktioniert die Atombombe.

Kernkraftwerke

Kernkraftwerke dienen der Kernspaltung und der Erzeugung von Energie, die wiederum zur Wärmeerzeugung genutzt wird. Die Wärme erzeugt dann Dampf, mit dem die riesigen Turbinen betrieben werden, die Strom erzeugen.

Technologie und ihre Verbindungen zur Medizin

Mit den großen Fortschritten, die die Wissenschaft in den 1900er Jahren gemacht hat, wurde die Technologie bald auch im medizinischen Bereich eingesetzt. Es wurden neue Geräte erfunden, die Menschen bei der Bewältigung bestimmter Behinderungen halfen.

Maschinen die unserem Körper helfen, besser zu funktionieren

Herzschrittmacher sind elektrische Geräte, die in den Körper einer Person eingesetzt werden, um ihr Herz in einem regelmäßigen Rhythmus schlagen zu lassen. Ein Dialysegerät, das außerhalb des Körpers angebracht wird, hilft Menschen mit nicht richtig funktionierenden Nieren, ihr Blut zu reinigen.

All diese und weitere erstaunliche Maschinen wurden gebaut, um den Menschen zu helfen, Krankheiten zu besiegen und länger zu leben – dank der Entwicklungen in der Technologie.

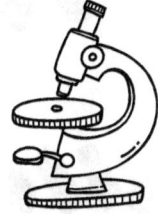

Gentherapie

Wir können es besser als Gentechnik erklären.

Ein Gen ist eine winzige Einheit, die sich in den Zellen aller Lebewesen befindet und Informationen darüber enthält, wie diese Zellen funktionieren. Sie haben auch einen Code, der Informationen über den Organismus enthält, von dem sie stammen (DNA genannt). Wissenschaftler haben gelernt, Gene aufzuspalten und sie an andere Gene anzuhängen, um so einen neuen Informationscode zu schaffen. Diese Methode kann helfen, verschiedene Krankheiten zu heilen und sogar Pflanzen zu schaffen, die widerstandsfähiger sind und stärker wachsen.

Okay Kinder, mal sehen, was ihr noch so alles über moderne Technik herausfinden könnt. Jetzt ist es Zeit für meinen abendlichen Lauf im Park, weil ich die Natur einfach liebe. Während ich draußen bin, machen wir mit Kapitel 2 weiter, das sich mit einem meiner Lieblingsthemen beschäftigt: Wildtiere und Natur.

Kapitel 2: Wildtiere und Natur

Der Planet Erde ist gesegnet mit der erstaunlichsten Sammlung von Wildtieren.

Wunderschöne, hochfliegende Vögel, majestätische Tiere, die sowohl furchterregend als auch sanftmütig sind, exotische Meerestiere, die tief in den Ozeanen leben, faszinierende Krabbeltiere und Insekten in allen Formen, Größen und Farben.

Es reicht schon, in den Garten oder den örtlichen Park zu gehen, um Insekten zu entdecken und vielleicht ein Kaninchen, einen Maulwurf und sogar pelzige Eichhörnchen, die dort herumwuseln.

Die Welt der Tiere wird noch faszinierender, wenn man besondere Fakten über die verschiedenen Arten erfährt, die auf unserem schönen Planeten leben.

Wusstest du zum Beispiel, dass ich, obwohl ich ein Hund bin, Bananen mehr liebe als Fleisch? Oh ja, ich liebe sie so sehr, dass ich mein bestes Steak gegen eine Bananen-Torte eintauschen würde.

Aber im Ernst Freunde – durch meine Abenteuer auf der ganzen Welt habe ich so viel über Tiere gelernt, über die Umwelt, in der sie leben, wie wild oder liebenswert sie sein können, und natürlich über die Arten von Lebensmitteln, die sie zu sich nehmen – von Pflanzenfressern über Fleischfresser bis hin zu Allesfressern wie mir, die nicht allzu wählerisch sind; Tiere ernähren sich abwechslungsreich.

Hast du Lust, dich mit mir auf das Abenteuer deines Lebens einzulassen und das Tierreich zu erforschen?

Du bist bereit?! Okay, dann fangen wir mal an!

Faszinierende Fakten über Hunde

Natürlich muss ich dir erst einmal mehr über jedermanns liebsten pelzigen besten Freund, den Hund, erzählen. Hier sind einige wirklich tolle Fakten über deine vierbeinigen Freunde, die du fantastisch faszinierend finden wirst.

Hunde sind eine weiterentwickelte Spezies des Wolfs

Hunde wurden vor fast 20.000 Jahren vom Menschen domestiziert (oder zu Haustieren gemacht). Aber Hunde waren nicht die niedlichen, pelzigen Haustiere, die wir heute kennen. Die ersten vom Menschen gezähmten Hunderassen waren den Wölfen sehr ähnlich. Im Laufe der Zeit haben wir uns jedoch weiterentwickelt und verändert – unsere Pfoten wurden kleiner und unsere Schädelform veränderte sich. Ach ja, und unsere Zähne sahen sogar freundlicher aus und weniger wie der große böse Wolf in Rotkäppchen.

Diese Veränderung fand statt, weil wir nicht länger eine wilde Spezies waren, die nach Nahrung jagen musste. Stattdessen hatten wir warme, gemütliche Feuer, vor denen wir liegen konnten, ein freundliches Herrchen, das uns Essen anbot – und wir hatten das Bauchkraulen für uns entdeckt. Im Gegenzug wurden wir zu treuen Begleitern und tauschten unsere wilden Wolfsgesichter gegen die niedlichen, aber immer noch starken Wachhunde aus, die wir bis heute sind (außer vielleicht diese flauschigen französischen Pudel, bei denen ich stark vermute, dass sie nicht von Wölfen abstammen).

Hunde sind superschlau

Natürlich sind wir das, aber wussten Sie, dass ein Hund in der Lage ist, über 165 Gesten und sogar Wörter zu lernen? (Jung et al., 2022).

Das ist richtig. Ein Hund hat die Intelligenz eines zweieinhalbjährigen Kindes und ist sogar noch einfacher zu erziehen!

Diese Intelligenz ist je nach Tierart unterschiedlich. Ich wünschte, ich könnte sagen, dass französische Bulldoggen die intelligenteste Spezies sind – aber das sind wir nicht. Ich bin natürlich die Ausnahme. Aber die intelligentesten Hunderassen sind wie folgt geordnet (Cahn, 2022).

1. Border Collie
2. Pudel (aha, unter all diesen Locken steckt also Intelligenz!)
3. Deutscher Schäferhund
4. Golden Retriever
5. Doberman Pinscher
6. Shetland-Schäferhund
7. Labrador Retriever
8. Papillon
9. Rottweiler
10. Australischer Sennenhund

Ein Hund kann Düfte vierzigmal besser wahrnehmen als ein Mensch

Das ist wahr. Hunde haben einen hervorragenden Geruchssinn. Hunde können den Geruch einer Person sogar noch einige Tage später wahrnehmen, nachdem er hinterlawen wurde. Deshalb eignen sich Hunde hervorragend als Detektive und werden oft eingesetzt, um der Polizei bei der Untersuchung von Tatorten zu helfen, Verbrecher zu finden und sogar Schmuggler am Flughafen aufzuspüren.

Ein Dackel (die Hunderasse, die wie ein Nörgler aussieht) hat zum Beispiel rund 125 Millionen Duftrezeptoren, während die menschliche Nase nur 5 Millionen Duftrezeptoren hat (Jung et al., 2022).

Der Bluthund hat den besten Geruchssinn unter allen Hunderassen. Diese Fähigkeit ist so bekannt, dass das Aufspüren eines Geruchs durch einen Bluthund vor Gericht sogar als belastendes Beweismittel verwendet werden kann.

Ist das nicht einfach unglaublich?

Eine Person kann sogar ins Gefängnis kommen, wenn sie von einem intelligenten Bluthund gerochen wird, weil sie verbotene Substanzen wie Rauschgift oder Sprengstoff mit sich führt.

Hunde haben sogar ein viel besseres Gehör als Menschen und können hohe Töne hören, die Menschen nicht hören können. Außerdem können wir Geräusche aus sehr weiter Entfernung hören.

Leider hat ein Hund einen schlechten Geschmackssinn

Hast du dich jemals gefragt, warum dein Hund stinkende alte Pantoffeln so begeistert frisst wie sein Futter?

Nun, ein Hund hat sehr schlechte Geschmacksrezeptoren. Wenn wir dich und mich vergleichen, hat ein Hund etwa 1.700 Geschmacksknospen, während ein Mensch etwa 9.000 hat. Das macht aber nichts, denn es bedeutet einfach, dass wir Hunde jede Mahlzeit genießen können, ohne viel Aufhebens darum zu machen.

LUSTIGE TATSACHE

Einige Hunde sind ausgezeichnete Schwimmer. Die Neufundländer sind die besten im Wasser und werden oft als Rettungshunde in Gewässern eingesetzt.

Ein Neufundländer namens Whizz, der für die Royal Navy arbeitete, wurde sogar mit dem PDSA-Verdienstorden ausgezeichnet, weil er bei seiner Arbeit als Rettungshund auf See insgesamt neun Menschen gerettet hat.

Ein Hund schwitzt aus seinen Pfoten

Entgegen der landläufigen Meinung schwitzen Hunde nicht mit ihrer Zunge. Stattdessen schwitzen wir aus ihren Pfoten. Unser Schweiß ist auch etwas öliger als der von Menschen und kann meist nur von anderen Hunden gerochen werden. Aber hör dir das an: Viele Leute, die ich kenne, geben zu, dass die Pfoten ihrer Hunde nach Popcorn riechen – was?!

Anders als Menschen regulieren Hunde ihre Körperwärme nicht durch

Schwitzen. Stattdessen müssen sie hecheln, um sich abzukühlen. Deshalb sitzt dein Hund nach einem anstrengenden Lauf mit hängender Zunge da und atmet schwer. Durch das Hecheln können Hunde die Feuchtigkeit über ihre Zunge, die Nasengänge und ihre Lungen verdunsten. Wenn die Luft über dieses Gewebe strömt, kühlt ihr Körper ab.

Die alten Ägypter behandelten Hunde wie Gefährten

Als ich die große Kleopatra in Ägypten traf, sorgte sie dafür, dass ich mein eigenes Zimmer und ein goldenes Bett bekam, in dem ich mich den ganzen Tag in der Sonne räkeln konnte. Ich half sogar ihren Ingenieuren, die Berechnungen für einige der Tempel, die sie bauten, zu machen.

In Kleopatras Palast lernte ich die wunderschöne Anaksun, den Saluki, kennen. Die Saluki-Hunderasse war die angesehenste aller Hunderassen, und Anaksun hatte sogar ihre eigenen Diener, die sich um alle ihre Bedürfnisse kümmern. Sie besaß sogar eine goldene Halskette und lud mich ein, etwas von ihrem Essen zu essen, das aus den besten Fleischstücken Ägyptens bestand! Sie erzählte mir, dass sie nach ihrem Tod in einer Pyramide neben ihrem Herrn begraben werden würde.

Manche Hunde sind superschnell

Hunde sind schneller als Menschen, weil sie dazu geschaffen sind, herumzulaufen und eine Beute zu jagen. Genau wie die Wölfe, die vor 20.000 Jahren mit ihren menschlichen Herren auf die Jagd gingen. Der Windhund ist die schnellste Hunderasse und soll innerhalb weniger Sekunden unglaubliche 72 Stundenkilometer erreichen.

Hört euch das an, Kinder: Der Windhund könnte einen Geparden in einem Rennen leicht ausstechen. Während ein Gepard 110 Stundenkilometer schnell ist, kann er diese Geschwindigkeit nur 30 Sekunden lang beibehalten. Ein Windhund hingegen kann sieben Meilen lang ununterbrochen mit einer Geschwindigkeit von etwa 60 Stundenkilometern rennen und den erschöpften Geparden unterwegs leicht überholen.

WEITERE FAKTEN ÜBER HUNDE

1. Der Nasenabdruck eines jeden Hundes ist einzigartig, genau wie dein Fingerabdruck. Wenn du also einen bestimmten Hund einer bestimmten Rasse identifizieren willst, musst du seinen Nasenabdruck überprüfen.

2. In den USA schlafen über 45 % der Hunde im Bett ihres Besitzers.

3. Hunde träumen, deshalb sieht man uns im Schlaf rennen oder bellen. Ältere Hunde und Welpen träumen am meisten.

4. Die größte Hunderasse – die englische Dogge, kann zwischen 70 und 100 Kilogramm wiegen.

Erstaunliche Fakten über Weiße Haie

Okay Kinder, Zeit für ein bisschen Nervenkitzel, wenn wir etwas über das größte Raubtier des Ozeans erfahren – den Weißen Hai.

Diese tödlichen Jäger sind furchteinflößend und absolut faszinierend und verdienen unseren Respekt.

Weiße Haie leben in allen Ozeanen

Diese Raubfische sind auf der ganzen Welt in fast allen Ozeanen zu finden, obwohl sie kühlere Gewässer bevorzugen und sich in Küstennähe aufhalten. Als größte Raubfischart wird der Weiße Hai im Durchschnitt 4,6 Meter lang, aber es wurden auch schon Weiße Haie von 6 Metern Länge gesichtet.

Der Weiße Hai ist schnell

Dieser mächtige Jäger kann sich mit einer erstaunlichen Geschwindigkeit von 60 Kilometern pro Stunde fortbewegen! Die Chancen, ihn zu überlisten, sind also ziemlich gering. Die sehr kräftige Schwanzflosse und ihre stromlinienförmige Körperform helfen dem weißen Hai seine Geschwindigkeit zu halten. Der weiß gefärbte Unterbauch des Hais ist der Grund für seinen Namen.

Der Weiße Hai hat furchterregende Zähne

Kein Zahnarzt kommt je an den Weißen Hai heran,
denn er hat fast fünf Zahnreihen mit insgesamt
etwa 300 sehr spitzen, sehr scharfen Zähnen.
Aber hör zu: Menschen sind nicht seine
Lieblingsspeise. Ja, es wird berichtet, dass
er hin und wieder Menschen angreift.
Wissenschaftler sagen jedoch, dass dies
eher aus Neugier geschieht. Der Hai fragt
sich, wie dieses komisch aussehende Ding, das
im Wasser herumspritzt, wohl schmeckt. Trotzdem
ist es kein Spaß, von einem Hai gefressen zu werden und
ich rate, immer vorsichtig zu sein.

Weiße Haie sind sehr schlau

Die Opfer wissen oft nicht einmal, dass sie von einem weißen Hai gejagt
werden, bis er aus dem Wasser auftaucht und mit dem Maul voll von
dem, was er verfolgt hat, abtaucht. Der weiße Hai ist ein heimlicher
Jäger und umkreist seine Beute von unten. Dann schießt er aus dem
Wasser, in einer Position, die Wissenschaftler als "Verschluss Position"
bezeichnen. Bevor er sich die aufgeschreckte Beute schnappt und in
die Tiefen des Ozeans stürzt. Oh, das hat mir einen Schauer über den
Rücken gejagt und mir stehen die Haare zu Berge!

Weiße Haie sind die schlimmsten Eltern

Das ist richtig – es gibt keine mütterliche Liebe, die
den Babys von einer Weißen Hai Mutter gegeben
wird. Die Haie bringen in der Regel zwischen 2

und 10 Babys zur Welt, die als Jungtiere bezeichnet werden. Sobald sie geboren sind, schwimmen sie weg und versuchen, auf sich selbst aufzupassen, denn wenn sie bei ihrer Mutter bleiben, könnten sie gefressen werden. Igitt!

Der größte Feind des Weißen Hais ist der Mensch

Der Weiße Hai steht an der Spitze der Nahrungskette und wird von vielen anderen Meeresbewohnern außer dem Orca (Killerwal) nicht angegriffen. Daher hat er das Potenzial, als Art lange und gesund zu leben.

Leider ist der Mensch jedoch dafür verantwortlich, dass die Zahl dieser faszinierenden Kreaturen immer weiter zurückgeht. Überfischung und sogar die illegale Jagd auf den Weißen Hai haben dazu geführt, dass es immer weniger von ihnen gibt. Und ich muss euch leider mitteilen, dass der Weiße Hai inzwischen auf der Roten Liste der gefährdeten Arten der Weltnaturschutzunion (IUCN) steht.

Wusstest du, dass es unermüdliche Meeresbiologen gibt, die sich für den Schutz und die Erhaltung der Weißen Haie einsetzen? Diese besonderen Menschen sind für den Schutz und die Erforschung eines Großteils der Ozeane und des Meeres auf unserem Planeten verantwortlich. Würdest du gerne Meeresbiologe werden, wenn du erwachsen bist?

Die wichtigsten Fakten über Schildkröten

Schildkröten gehören zu den faszinierendsten Meeresbewohnern und sind in vielen Formen, Farben und Größen zu finden. Sie sind auf der ganzen Welt zu finden. Sie überleben in unterschiedlichen Umgebungen und gehören zur Gruppe der Testudines-Reptilien, zu denen auch die Riesenschildkröten, die flinken kleinen Süßwasserschildkröten und die prächtigen Meeresschildkröten gehören.

Schildkröten gehören zu den ältesten Vertretern der Reptilien Familie

Das stimmt – Schildkröten sind sogar älter als Alligatoren, Krokodile und Schlangen, die alle zur Familie der Reptilien gehören. Schildkröten gab es bereits, als die Dinosaurier vor fast 200 Millionen Jahren auf der Erde lebten! Damit ist die Art wirklich alt und eine der am meisten geschätzten Lebensformen unseres Planeten.

Alle Schildkröten haben einen harten Panzer

Landschildkröten, Sumpfschildkröten und Wasserschildkröten haben alle einen harten Knorpelpanzer als Markenzeichen. Diese knöcherne Struktur, die sich außerhalb ihres Körpers befindet, ist sehr widerstandsfähig und bietet Schutz vor Raubtieren. Nicht alle Schildkröten können das, aber einige Arten wie die Landschildkröte sind in der Lage, ihren gesamten Kopf in den Panzer zu stecken und sich so vor Verletzungen durch Raubtiere zu schützen.

Das Skelett einer Schildkröte liegt außen

Wie toll ist das denn, oder?

Der Panzer einer Schildkröte ist eigentlich ihr Skelett und befindet sich an der Außenseite ihres Körpers. Der Panzer ist nicht nur ein einziger großer Knochen, auch wenn er so aussehen mag. In Wirklichkeit besteht er aus über 50 Knochen, darunter der Brustkorb und die Wirbel, die sich alle an der Außenseite des Tieres befinden.

Der Panzer einer Schildkröte wächst mit, so dass die Schildkröte nie zu groß für ihren Panzer wird. Im Gegensatz zu den Schildkröten in den meisten Zeichentrickfilmen können echte Schildkröten nicht aus ihrem Panzer schlüpfen, da dieser mit dem Körper der Schildkröte verschmolzen ist.

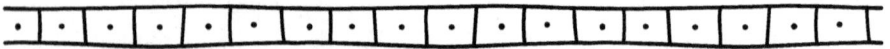

LUSTIGER FAKT

Die größte Schildkrötenart ist die Lederschildkröte oder auch Lautenschildkröte genannt. Eine ausgewachsene Lederschildkröte ist etwa zwei Meter lang und wiegt stolze 600 kg.

Schildkröten fressen eine Menge verschiedener Dinge

Die Ernährung einer Schildkröte hängt stark davon ab, wo sie lebt. Süßwasserarten wie Sumpfschildkröten fressen Früchte, saftiges Gras oder sogar Käfer. Meeresschildkröten fressen Quallen, Tintenfische und sogar Meeresalgen. Aufgrund ihrer vielfältigen Ernährungsweise gehören Schildkröten allen drei Nahrungsgruppen an. Einige Schildkröten sind Pflanzenfresser – sie ernähren sich ausschließlich von Pflanzen, während andere Fleischfresser sind und ausschließlich Fleisch bevorzugen. Die meisten Schildkröten sind aber Allesfresser und fressen eine Mischung aus pflanzlicher Nahrung und Fleisch.

Schildkröten gehören zur Gruppe der Amnioten

Vögel, Reptilien und einige Säugetiere werden zu den Amnioten gezählt. Das heißt, sie pflanzen sich in Form von Eiern fort, die an Land abgelegt werden, obwohl die Tiere sowohl im Wasser als auch an Land leben können. Auch Schildkröten können im Wasser leben, aber sie legen ihre Eier an Land ab.

Schildkröten sind kaltblütig

Schildkröten sind ebenfalls kaltblütige Reptilien und haben eine sehr lange Lebensspanne. Jonathan, der auf der Insel St. Helena lebt, ist die älteste aufgezeichnete Schildkröte.

Sie wurde 1882 von den Seychellen nach St. Helena gebracht – als Geschenk für Sir William Gray Wilson. Man geht davon aus, dass Jonathan 1832 geboren wurde und 2022 190 Jahre alt wird, aber es gibt Spekulationen, dass er noch älter sein könnte. Vielleicht werde ich Jonathan besuchen und mich mit ihm unterhalten, um herauszufinden, wie alt er wirklich ist.

Vor Jonathan lebte die älteste Schildkröte, die jemals aufgezeichnet wurde, auf der Insel Tonga. Sie hieß Tu'i Malila und lebte 188 Jahre lang.

Schildkröten sind vom Aussterben bedroht

Wie der Weiße Hai stehen auch die meisten Schildkrötenarten auf der Liste der bedrohten Arten. Nach Angaben der IUCN sind 129 der rund 300 Schildkrötenarten auf unserem Planeten entweder gefährdet, anfällig oder stehen auf der Liste der vom Aussterben bedrohten Arten.

Die Hauptgründe für diesen schockierenden Zustand sind der Verlust der natürlichen Lebensräume der Schildkröten durch die Erschließung von Land, die Wilderei und natürlich der sehr schlechte und illegale Handel mit Haustieren.

Denkt daran, Kinder: Ausgestorben ist für immer, und ihr dürft niemals Handlungen unterstützen, die zum Verlust einer weiteren Tierart führen. Du kannst helfen, indem du klein anfängst und deine Freunde davon abhältst, bedrohte Schildkrötenarten als Haustiere zu halten. Sie gehören in die freie Wildbahn, wo Wissenschaftler sie schützen und ihnen helfen können, zu gedeihen.

PROJEKTIDEE

Sammle Fakten über Schildkröten und erstelle ein Poster, das du in der Schule aufhängen kannst, damit deine Freunde mehr über diese uralte, aber bedrohte Art erfahren, bevor es zu spät ist.

Wenn du das nächste Mal in einen tropischen Urlaubsort wie Sri Lanka oder die Malediven fährst, solltest du deine Eltern bitten, dich zum Schnorcheln mitzunehmen, wo du Meeresschildkröten beobachten kannst.

Lustige Fakten über Frösche

Frösche faszinieren mich, seit ich mit einem Frosch auf der Nasenspitze aufgewacht bin. Frösche sind ein guter Indikator dafür, wie gut die Umwelt in der Umgebung ist: Je besser und weniger verschmutzt ein Ort ist, desto mehr Frösche gibt es. Mit über 4.000 Arten bieten Frösche viel Gesprächsstoff.

Ich weiß von mehreren Kindern, die Frösche als Haustiere halten. Im Teich im Garten meines Freundes lebt eine nette Froschfamilie, die vor allem nach einem großen Regen die ganze Nacht quakt.

Frösche sind überall

Es gibt mehr als 4.000 Froscharten auf unserem Planeten. Die genaue Zahl ist unklar, da Wissenschaftler immer wieder neue Arten entdecken. Es gibt sie in einer Vielzahl von Farben, Formen und Größen.

Die größte Froschart ist der Goliathfrosch.

In freier Wildbahn wiegt ein Goliathfrosch etwa 3 kg und kann bis zu 30 cm lang werden. Wenn du die Fisch- und Amphibienabteilung des Zoos besuchst, kannst du diese großen Frösche sehen. Doch leider steht der Goliathfrosch seit 2004 auf der Liste der gefährdeten Arten der IUCN. Die Gründe dafür sind vielfältig: Abholzung der Wälder, Verlust des Lebensraums durch

den Bau von Staudämmen und sogar die Bejagung durch Menschen, die gerne Goliathfrosch essen.

Frösche können giftig sein

Wusstest du, dass einige tropische Frösche auf eine bestimmte Weise gefärbt sind, um Raubtiere darauf aufmerksam zu machen, dass sie giftig sind? Igitt! Sie werden in Blau-, Gelb-, Orange-, Grün- und Rottönen gefärbt, um Raubtieren zu signalisieren: "Ich bin sehr giftig, also bleib weg!" Die Farben schützen die Frösche und sind tatsächlich ein Hinweis darauf, dass sie giftig sind. Ich habe herausgefunden, dass der goldene Pfeilgiftfrosch so giftig ist, dass er etwa 20.000 Mäuse töten kann!

Frösche können richtig hoch springen

Hast du schon einmal einen Frosch gejagt? Dann weißt du, wie hoch er springen kann. Tatsächlich kann ein Frosch im Durchschnitt mehr als das 20-fache seiner Körpergröße springen, aber einige können sogar noch höher springen.

Überprüfe die Ohren des Frosches, um zu wissen, ob er männlich oder weiblich ist

Hier ist eine ziemlich merkwürdige Tatsache über Frösche. Man kann an den Ohren erkennen, ob es sich um einen jungen oder einen weiblichen Frosch handelt. Die Ohren eines Frosches, das sogenannte Tympanon, befinden sich direkt hinter den Augen. Wenn du feststellst, dass das Ohr größer ist als das Auge, handelt es sich um einen männlichen Frosch. Wenn das Ohr kleiner ist als das Auge, handelt es sich um ein Froschmädchen.

Frösche fressen ihre eigene Haut

Ich finde das total eklig, aber das ist ein natürliches Phänomen bei Fröschen. Frösche häuten sich nämlich einmal pro Woche oder sogar täglich – das nennt man "Häutung". Wenn ein Frosch sich häutet, frisst er die Haut, denn sie ist voller Proteine. Frösche wollen nichts von den Nährstoffen verschwenden, die in der Haut stecken. Im Gegensatz zu Schlangen, die sich aus ihrer alten Haut herauswinden und sie zurücklassen, fängt ein Frosch tatsächlich an, seine alte Haut direkt in sein Maul zu stecken. Wenn du im Internet suchst, findest du einige coole Videos von Fröschen, die sich häuten und ihre Haut direkt ins Maul stecken und essen.

Frösche trinken und atmen durch ihre Haut

Das stimmt – ich habe einmal einen Frosch auf eine Limonade eingeladen. Er ist sofort in das Glas Wasser gehüpft, das ich ihm angeboten habe! Denn Frösche trinken kein Wasser mit ihren großen Mäulern. Stattdessen nehmen sie das Wasser über ihre Haut auf.

Frösche haben eine Haut, die Wissenschaftler als "durchlässig" bezeichnen, was bedeutet, dass sie Gase und Flüssigkeiten durchlassen kann – ähnlich wie ein Sieb. Daher atmen Frösche auch durch ihre Haut, indem sie Sauerstoff aus dem Wasser aufnehmen.

Dies ist zwar ein gutes System, um im Wasser immer kühl und hydriert zu bleiben, aber die durchlässige Haut eines Frosches kann auch nachteilig sein.

Wenn zum Beispiel der Teich oder der See, in dem ein Frosch lebt, verschmutzt ist, nimmt seine Haut alle Giftstoffe auf und tötet den

Frosch. Wenn ein Frosch zu lange ohne Wasser ist, entweicht die Feuchtigkeit aus seiner durchlässigen Haut und der arme Frosch trocknet aus.

Wir müssen darauf achten, dass wir die Gewässer nicht mit irgendwelchen Abfällen verschmutzen. Es gibt viele Tierarten, die in Gewässern leben. Sie sind sehr anfällig für Gifte, die von rücksichtslosen Menschen in die Gewässer eingebracht werden.

Frösche können sogar ertrinken

Frösche können ertrinken, weil sie wie du und ich eine Lunge haben, durch die sie atmen. Sie sind jedoch vorsichtig und achten darauf, dass kein Wasser in ihre Lungen gelangt, denn dann würden sie ertrinken. Wie ich schon gesagt habe, können sie sogar durch ihre Haut atmen. Frösche können aber nur die Sauerstoffmenge aufnehmen, die in dem Wasser vorhanden ist, in dem sie sich befinden. Manchmal reicht dieser Sauerstoff nicht aus, was bedeutet, dass die Frösche nach Luft schnappen müssen.

Warum hat ein Frosch eine schleimige Haut?

Die durchlässige Haut eines Frosches hat tatsächlich viel damit zu tun. Manche Frösche haben eine dicke Schleimschicht, die ihre Haut schützt. Dieser Schleim hilft dem Frosch, die Feuchtigkeit in seiner Haut zu halten. Er enthält auch antibakterielle Eigenschaften, die ihn vor der Aufnahme einiger Giftstoffe schützen, die dem Frosch schaden können.

Es gibt sogar Froscharten, die eine Art wachsartige Substanz produzieren, die sie dann auf ihrem Körper verteilen, um die Feuchtigkeit einzuschließen und sich kühl zu halten. Wenn ein Frosch den ganzen Tag auf Entdeckungstour geht, verteilt er diese wachsartige Substanz, damit er kühl bleibt.

Frösche legen Eier an den seltsamsten Orten

Nicht alle Frösche legen ihre Eier im Wasser ab. Nein, es ist viel komplizierter als das. Da Froscheier keine harte Schale wie normale Eier haben, können sie leicht austrocknen oder zerquetscht werden. Um ihre Eier zu schützen, haben sich die Frösche einige geniale Methoden einfallen lassen.

Frösche legen ihre Eier unter Blättern ab, die sich oberhalb eines Gewässers befinden – vor allem in Regenwäldern. Sobald die Eier geschlüpft sind, fallen die kleinen Kaulquappen direkt ins Wasser und beginnen ihre Reise des Überlebens, während sie sich zu kleinen Fröschlein entwickeln.

Die männliche Art des Darwin Frosches schluckt die Eier – aber nicht, um sie zu fressen. Er legt die Eier in seinen Stimmsack, der sich im Rachen des Frosches befindet. Diese Eier bleiben dadurch sicher und behaglich, bis sie zum Schlüpfen bereit sind. Dieses erstaunliche Phänomen funktioniert, nachdem das Darwinfrosch-Weibchen etwa 40 Eier zwischen Blättern in der Nähe des Wassers abgelegt hat. Der männliche Frosch übernimmt dann die Bewachung der Eier für die nächsten 3-4 Wochen. Sobald er sieht, dass sich die kleinen Embryos zu bewegen beginnen, nimmt er sie auf und pflanzt sie in seinen Stimmsack, bis sie schlüpfen. Ist das nicht die liebevollste Geste, die ein Vater bieten kann? Schau dir die erstaunlichen

Videos im Internet an.

Das Weibchen der Surinam-Kröte ist eigentlich ein Frosch, aber sie wird wegen ihrer rauen Haut Kröte genannt. Das Weibchen vollbringt ein ebenso erstaunliches Kunststück, indem es seine Jungen direkt aus der Haut auf seinem Rücken schlüpfen lässt. Das Surinam Frosch-Weibchen hat viele Löcher auf dem Rücken und die Eier werden dort tief in die Haut gepflanzt. Sobald sie eingepflanzt sind, entwickeln sich die Embryos und werden zu Kaulquappen. Sie wachsen dann zu Miniatur Versionen ihrer Mutter heran, bis sie sich aus der Haut der Mutter lösen und davonschwimmen. Es gibt auch Videos davon im Internet, aber ich warne euch – es ist unheimlich und juckt mich am ganzen Körper!

Frösche können sehen, was hinter ihnen ist

Sich von hinten an einen Frosch heranschleichen, ist natürlich unmöglich, denn er kann von seinem Hinterkopf aus sehen. Hast du dich jemals gefragt, wie groß die Augen eines Frosches sind? Warum sind sie so groß?

Die Augen eines Frosches befinden sich oben auf dem Kopf und ragen so weit heraus, dass sie sich um fast 360 Grad drehen lassen. Dadurch können sie zu den Seiten und nach hinten sehen, ohne sich überhaupt drehen zu müssen – toll! Ich wünschte, ich hätte Augen, die sich um 360 Grad drehen lassen.

Die Augen der Frösche haben ein weiteres, erstaunliches Merkmal, nämlich die Nickhaut – ein drittes Augenlid. Dieses Augenlid oder Membran schließt sich über dem Auge, um es zu schützen. Es ermöglicht dem Frosch aber, unter Wasser zu sehen – ähnlich wie eine Maske, die man beim

Schnorcheln trägt. Die Nickhaut hilft dem Frosch, seine Augen feucht zu halten, auch wenn er sich nicht im Wasser befindet.

Tiere, die Krankheiten verbreiten und für Menschen gefährlich sind

Es gibt viele Tiere, die für den Menschen eine Gefahr darstellen. Einige sind giftig, wie Schlangen und Skorpione, während andere Krankheiten und Krankheitserreger übertragen.

Die Stechmücke

Stechmücken sind für den Menschen gefährlich. Sie können Träger von vielen Bakterien, Viren und Parasiten sein. Einige Krankheiten, die von Stechmücken auf den Menschen übertragen werden, können tödlich sein und sogar zu einer Pandemie führen. Eine Pandemie entsteht, wenn sich die Krankheit weltweit ausbreitet und nur schwer einzudämmen ist.

Stechmücken verbreiten Krankheiten wie Malaria, Filaria, Gelbfieber, das Zika-Virus und Dengue-Fieber. Sie gedeihen am besten unter tropischen Bedingungen. Daher ist es wichtig, Insektenschutzmittel mitzunehmen, wenn Sie ein Gebiet besuchen, in dem es Mücken gibt.

Dengue ist eine der am weitesten verbreiteten Krankheiten, die durch Moskitos verursacht werden. Tropische Länder haben es schwer, das Denguefieber in den Griff zu bekommen. Man kann es eindämmen, indem man seine Umgebung sauber und frei von Orten hält, an denen sich Wasser ansammelt.

Giftigste Kreaturen

Was ist deiner Meinung nach schlimmer: eine Spinne oder eine Schlange? Beide sind zwar wichtig für das Gleichgewicht des Ökosystems unseres Planeten, aber es ist wichtig, diese Tiere mit Respekt zu behandeln.

Die giftigste Spinne der Welt ist die Trichternetzspinne.

Es gibt zwei Arten – die baumbewohnende Trichternetzspinne und die Sydney-Trichternetzspinne. Beide sind hochgiftig und können tödlich sein. Diese Spinne ist in Australien heimisch.

Die giftigste Qualle ist die Ohrenqualle.

Es gibt 51 Arten von Ohrenquallen, aber nur vier Arten sind giftig. Ich bin einmal beim Baden im Meer in der Nähe des Great-Barrier-Reefs in Australien einer solchen begegnet. Zum Glück erkannte ich sie an ihrer Kastenform und konnte ihr ausweichen – puh! Viele Menschen fallen dem Stich dieser Qualle zum Opfer, vor allem in dem Inselstaat 'Philippinen'.

Die giftigste Schlange ist die Sägeschuppenotter.

Auf dem nordamerikanischen Kontinent ist die giftigste Schlange die Klapperschlange. Noch giftiger ist die Sägeschuppige Viper, auch Teppich Viper genannt.

Diese Schlange kommt in heißen Klimazonen wie dem Nahen Osten, Afrika, Pakistan, Sri Lanka und Indien vor.

Aber wisst ihr was, Kinder? Nur weil die Tropen die Heimat einiger der gefährlichsten Kreaturen der Natur sind, sollte man sie nicht meiden. Die Tropen sind die Heimat einiger der schönsten Orte der Welt.

Ich habe einmal die wunderschöne Insel Sri Lanka im Indischen Ozean besucht. Dort gab es die schönsten goldenen Sandstrände, an denen ich Sandburgen gebaut und den ganzen Tag die Sonne genossen habe. Es gibt viele sonnige und warme Orte auf unserer Welt, die du unbedingt besuchen solltest. Wer weiß, vielleicht wirst du ein Reisender wie ich, der beschließt, die Welt zu erkunden.

Das giftigste Insekt der Welt ist die Harvester-Ameise.

Die Maricopa-Harvester-Ameise ist die einzige giftige Art ihrer Gattung. Der Stachel dieser Ameise ist 35-mal giftiger als der einer Klapperschlange. Der Schmerz beim Biss der Ameise ist sehr stark und kann bis zu acht Stunden dauern. Die giftige Harvester-Ameise kommt in Arizona, Mexiko, Texas, Nevada und anderen heißen Staaten vor.

Kurze seltsame und verrückte Fakten über Tiere

Wusstest du, dass Kängurus, die aus Australien stammen, nicht rückwärts laufen können?

Nun, das können sie einfach nicht. Es liegt daran, dass sie sich hüpfend fortbewegen. Diese Bewegung wird "Saltation" genannt. Das große Känguru hüpft mit seinen beiden großen Füßen gleichzeitig und benutzt dabei seinen großen Schwanz, um das Gleichgewicht zu halten. Rückwärts zu hüpfen ist wohl ein Ding der Unmöglichkeit.

Emus, die ebenfalls aus Australien stammen, sind große flugunfähige Vögel, die dem Strauß ähneln. Im Gegensatz zum Strauß kann der Emu jedoch nicht rückwärts laufen. Der Grund dafür ist den Forschern noch nicht klar.

Bitte dein Hausschwein nicht, den Sonnenuntergang zu genießen. Es sei denn, es legt sich auf den Rücken und schaut in den Himmel.

Der Körperbau eines Schweins und die Anordnung seiner Nackenmuskeln machen es ihm nämlich unmöglich, den Kopf nach oben zu drehen, um in den Himmel zu schauen.

Ein Flamingo kann nur mit dem Kopf nach unten fressen.

 Es ist wahr, Jungs und Mädels: Ein Flamingo hat Borsten an der Spitze seines Schnabels, die ihm helfen, den ganzen Schlamm herauszufiltern, der beim Fressen in sein Maul gelangt. Um diese Borsten an der Spitze seines Schnabels zu benutzen, muss der Flamingo seinen Kopf nach unten richten.

Panda-Kot wird zu Papier verarbeitet.

Pandas ernähren sich von umweltfreundlichen Bambuspflanzen. Deshalb hat das Nationale Panda-Reservat in Sichuan ein Abkommen geschlossen, um Pandakot zur Herstellung von Recyclingpapier zu verwenden.

Delfine sind wirklich seltsam.

Wenn ein Delfin schläft, schaltet er nur eine Hälfte seines Gehirns ab – die andere Hälfte bleibt wach, um sicherzustellen, dass der Delfin im Schlaf nicht ertrinkt. Als Säugetier muss der Delfin nach Luft schnappen, und obwohl er unter Wasser lange Zeit die Luft anhalten kann, muss er zum Atmen immer wieder auftauchen. Deshalb bleibt ein Teil des Gehirns auch im Schlafmodus wachsam, um sicherzustellen, dass der Delfin rechtzeitig aufwacht, um Luft zu holen.

Eine Kakerlake kann auch ohne Kopf weiterleben, denn ihr Gehirn befindet sich in ihrem Körper!

Erstaunlich, oder? Selbst wenn sie ihren Kopf verliert, macht die arme Kakerlake also weiter – bis sie schließlich verhungert, denn ohne Kopf hat sie keinen Mund zum Essen!

Das Herz einer Garnele hingegen befindet sich im Inneren ihres Kopfes.

Der Grund dafür ist, dass der Körper einer Garnele in zwei Teile geteilt ist – den Kopf und den Schwanz.

Eine Schnecke kann über drei Jahre lang schlafen.

Eine Schnecke geht in den Winterschlaf, wenn die Umgebung ihr nicht genug Feuchtigkeit bietet, um zu überleben. Sie mögen zum Beispiel den Winter nicht und können dann fast drei Jahre lang schlafen.

Eine Nacktschnecke hat keine Nase, sondern vier Tentakel.

Zwei davon funktionieren wie eine Nase und helfen ihr, Gerüche aus der Ferne zu riechen. Die anderen beiden befinden sich oben auf ihrem Kopf und sind die Augen der Nacktschnecke, mit denen sie sehen kann.

Wusstest du, dass der Kiwi-Vogel fast blind ist?

Es stimmt – dieser arme Vogel kann nicht nur nicht fliegen, sondern auch nicht besonders gut sehen. Hier sind einige lustige Fakten über den Kiwi:

Der Kiwi ist ein Vogel mit Nasenlöchern, die sich am Ende seines Schnabels befinden.

Er hat zwar Federn, aber die sind eher wie ein Fell. Er mausert (wechselt die Federn) sogar jedes Jahr. Kein Wunder, dass er nicht fliegen kann.

Der Kiwi hat keine Schwanzfedern, dafür aber Schnurrhaare, die denen einer Katze ähneln.

Der Kiwi ist nachtaktiv. Das heißt, er geht nachts auf Futtersuche. Während die meisten nachtaktiven Tiere ein ausgezeichnetes Sehvermögen haben, sieht der Kiwi mit seinen winzigen Augen jedoch nicht so gut.

Stattdessen hat der Kiwi einen erstaunlichen Geruchs- und Hörsinn, der mehr als außergewöhnlich ist. An diesen Vogel kann man sich nicht heranschleichen! (Oder könnte es eine Katze schaffen? Ich kann es wirklich nicht sagen.)

Jemand hat den Flug eines Huhns aufgezeichnet, und der längste Non-Stop-Flug eines Huhns dauerte 13 Sekunden.

So lange konnte der Vogel flattern und fliegen. Die Studie wurde 2014 durchgeführt. Ich glaube, seither hat sich niemand mehr dafür interessiert, den Flug eines Huhns zu testen. Vielleicht kannst du es ausprobieren, wenn du ein paar Hühner in deinem Garten hast.

Zur Verteidigung der armen Hühner habe ich aber auch herausgefunden, dass inländisch gezüchtete Hühner so gezüchtet werden, dass sie größere Brüste bekommen. Du weißt schon – für Fleisch Zwecke (versuche, dich nicht aufzuregen). Dieses zusätzliche Gewicht auf ihren Brüsten verhindert, dass sie richtig fliegen können.

Das Haushuhn stammt vom roten Dschungelhuhn ab – einem prächtigen und ziemlich wilden Vogel. Das Dschungelhuhn lebt in freier Wildbahn und jagt auf dem Boden nach Nahrung, hält sich aber in den Baumkronen auf, wo es vor Raubtieren sicher ist. Das rote Dschungelhuhn kann im Gegensatz zu seinem armen Cousin, dem Haushuhn, ziemlich gut laufen und fliegen.

Ein Elefant kann nicht springen.

Das ist auch gut so, denn als größtes Landsäugetier würden uns die Erschütterungen, die ein springender Elefant verursacht, wohl kaum gefallen. Ein ausgewachsener Elefant wiegt etwa 7250 kg und ist einfach zu schwer, um zu springen. Selbst wenn sie mit voller Geschwindigkeit rennen, haben sie nie gleichzeitig alle vier Beine in der Luft. Ihr seht, Kinder, beim Laufen gibt es einen Punkt, an dem alle vier oder zwei Beine eines Tieres oder eines Menschen für den Bruchteil einer Sekunde den Boden verlassen – in einer Art Sprungbewegung. Schaut einfach Usain Bolt, dem schnellsten Mann der Welt, beim Laufen in Zeitlupe zu. Dann werdet Ihr sehen, was ich meine.

Meine Schlussfolgerung ist also, dass ein Elefant eigentlich ein geübter Powerwalker ist und nie wirklich läuft. Powerwalker heben nicht alle Füße gleichzeitig vom Boden ab, denn das würde bedeuten, dass sie rennen. Und bei seiner enormen Größe hat der Elefant wirklich keinen Grund, vor Angst wegzulaufen. Er könnte einfach die Raubtiere einfach niedertrampeln – obwohl die Elefanten, die ich getroffen habe, wirklich sehr sanfte Geschöpfe sind.

WISSENSWERTES AUS DER NATUR, DAS DICH VERBLÜFFT

Ich liebe die freie Natur – ich renne durch die Felder, plansche in Seen, baue Sandburgen am Strand und begleite meinen menschlichen Freund auf malerischen Bergwanderungen. Unser Planet ist wirklich atemberaubend und bietet all den erstaunlichen Wildtieren und Menschen ein perfektes Zuhause.

Auf meinen Abenteuern habe ich eine Menge lustiger

Fakten über die Natur gesammelt, die ich mit dir teilen möchte, damit du verstehst, wie besonders unser Planet Erde ist. Tiere, Pflanzen und die Landschaft machen die Natur aus und sind nicht Teil der vom Menschen geschaffenen Strukturen. Die Natur in ihrer reinen Form ist wunderschön, wild und absolut faszinierend.

Faszinierende Natur-Trivia

Mikroskopisch kleine Meerespflanzen

Im Jahr 2011 war die NASA ziemlich überrascht, als sie Beweise für mikroskopisch kleine Meerespflanzen (Phytoplankton) fand, die unter einem Meter dicken Eisbrocken in der Arktis gedeihen! Dieses eisige Gebiet beherbergt tatsächlich ein größeres Vorkommen an mikroskopisch kleinen Meerespflanzen als alle anderen Ozeane der Welt. Findest du nicht auch, dass unser Planet fantastisch ist? Laut NASA ist der Grund für dieses Phänomen ein Treibhauseffekt, der das Eis in der Arktis ausgedünnt hat und es dem Sonnenlicht ermöglicht, die dort wachsenden Pflanzen zu erreichen und zu nähren.

Die größte Blume auf unserem Planeten ist die Rafflesia arnoldii oder auch Riesenrafflesie genannt.

Diese Blume wiegt sage und schreibe bis zu 9 Kilogramm und misst etwa einen Meter im Durchmesser. Stell dir vor, wie groß die Vase sein müsste, in die du diese Blume stellen würdest! Aber

halt, es gibt noch mehr spannende Fakten über diese Pflanze: Die größte Blume der Welt ist auch die stinkendste Blume der Welt. Diese Blume ist eine Parasitenpflanze, die auf einer anderen Pflanze (dem Wirt) wächst und ihre Nahrung durch die Wirtspflanze erhält. Da die Rafflesia so groß ist, sorgt sie dafür, dass nur eine Pflanze auf der Wirtspflanze wächst, damit die arme Wirtspflanze nicht so schnell ausgesaugt wird. Diese Pflanze wächst in den asiatischen Regenwäldern und kann außerhalb dieser Wälder nicht gut überleben. Daher bemühen sich Wissenschaftler, die Art zu schützen und ihr Aussterben zu verhindern.

Frucht mit Samen auf der Außenseite!

Die einzige Frucht mit Samen auf der Außenseite ist die Erdbeere. Im Durchschnitt hat eine Beere etwa 200 Kerne. Hättest du die Geduld, sie zu zählen? Jeder Samen wird von Botanikern als ganze Frucht betrachtet, die auch sagen, dass Erdbeeren zu den Rosengewächsen gehören. Um diese Theorie zu überprüfen, habe ich mich auf die Suche nach einem Erdbeerstrauch gemacht und daran gerochen – sie haben Recht, Erdbeeren duften so süß wie Rosen.

Die am häufigsten angebaute Frucht ist die Erdbeere. In den USA verzehrt der Durchschnittsbürger jedes Jahr etwa acht Pfund Erdbeeren. Die meisten Kinder wählen die Erdbeere als ihre Lieblingsfrucht.

In der Tat werden in den USA weltweit die meisten Erdbeeren angebaut; Oregon, Florida und Kalifornien sind die größten Produzenten. Erdbeeren sind zwar reich an Nährstoffen wie Vitamin C, Ballaststoffen, Antioxidantien und Kalium, können aber auch schwere Krankheiten verursachen, wenn sie nicht sorgfältig angebaut werden.

Erdbeeren wurden in den USA mit der Verbreitung zahlreicher Krankheiten in Verbindung gebracht, wie zum Beispiel Hepatitis A, Norovirus und E-Coli. Kinder, ihr müsst also Vorsichtsmaßnahmen ergreifen, bevor ihr Erdbeeren isst. Achtet darauf, sie gut zu waschen und kauft Erdbeeren nur bei zuverlässigen Händlern.

Okay Kinder, ich hoffe es hat euch gefallen, in diesem Kapitel zu erfahren, wie toll unser Planet und seine Bewohner sind. Als Nächstes wollen wir uns ein paar interessante Fakten über die menschliche Biologie ansehen.

Kapitel 3: Biologie des Menschen

Hallo Kinder, jetzt ist es an der Zeit, etwas über euren Körper zu lernen – zum Beispiel wie er funktioniert und wächst. Ihr werdet erstaunt sein über die wundersamen Fakten, die ich über den menschlichen Körper entdeckt habe. Ich muss sagen, dass er aus der Sicht eines Hundes wirklich fantastisch ist.

ERSTAUNLICHE FAKTEN ZUR HUMANBIOLOGIE

Der menschliche Körper strahlt ein wenig Licht ab; es ist viel zu wenig, um es zu sehen, aber es ist da.

Es wäre richtig zu sagen, dass der menschliche Körper leuchtet. Die vom Körper erzeugte Lichtmenge nimmt je nach Tageszeit zu oder ab.

76

Das Licht ist 1.000 Mal schwächer als der Bereich, den die Augen wahrnehmen können, weshalb die Menschen das Licht um sich herum nicht sehen können. Die Wissenschaftler sind sich über die Ursache dieses Lichts nicht ganz sicher, glauben aber, dass es sich um eine biochemische Reaktion handelt, die durch freie Radikale verursacht wird.

Biochemische Reaktionen finden statt, wenn es in den Zellen des Körpers zu Reaktionen kommt. Freie Radikale sind instabile Moleküle in unserem Körper. Sie sind ständig auf der Suche nach anderen Molekülen, mit denen sie sich verbinden können und verursachen manchmal Krankheiten und Schäden an den Zellen.

Wusstest du, dass das menschliche Gehirn hauptsächlich aus Wasser besteht?

Wirklich wahr, fast 75 % des Gehirns bestehen aus Wasser (Das menschliche Gehirn, 2022).

Im Bauchnabel einer durchschnittlichen Person befinden sich etwa 67 Arten von Bakterien.

Wissenschaftler führten Tests durch und fanden heraus, dass der Bauchnabel mancher Menschen etwa 29 Bakterienarten enthielt, während er bei anderen etwa 107 Bakterienarten aufwies. Da der Bauchnabel der am wenigsten gereinigte Teil des menschlichen Körpers ist, ist er ein Hot Spot und ein Zentrum für das Wachstum von Bakterien. Denkt also daran, eure Bauchnabel zu waschen, wenn ihr das nächste Mal ein Bad nimmt, Kinder.

Das Wort "Muskel" bedeutet im Lateinischen "kleine Maus".

Weißt du, warum? Weil kleine Muskeln die Menschen tatsächlich an eine kleine Maus erinnern!

Durch die Schuppenbildung verliert der Mensch jedes Jahr etwa 4 Kilogramm an abgestorbenen Hautzellen.

Und weißt du was? In deinem Zuhause gibt es Billionen von Hausstaubmilben, die sich von den abgestorbenen Hautschuppen ernähren, die du und deine Familie hinterlassen. Deine Haut besteht aus mehreren Schichten. Die oberste Schicht wird "Epidermis" genannt. Die Epidermis besteht aus einer Substanz namens "Keratin", aus der auch Ihre Nägel und Haare gemacht sind. Bei anderen Tieren bildet Keratin die Hufe, die Panzer von Schildkröten, Krallen und Hörner. Die einzelnen Keratinzellen werden "Keratinozyten" genannt. Wenn sie wachsen, sterben die obersten Zellen und fallen ab.

Die Nerven leiten Informationen an das Gehirn weiter, aber wie informieren sie das Gehirn über den Moment, in dem man auf eine Stecknadel tritt?

Genau wie Glasfaserkabel, die Informationen mit super schneller Geschwindigkeit über Telefonleitungen transportieren, können deine Nerven Informationen mit einer Geschwindigkeit von 160 Kilometern pro Stunde durch deinen Körper schicken. Wie beeindruckend ist das?

Im Durchschnitt schlägt das menschliche Herz während eines ganzen Lebens über 3 Milliarden Mal.

An einem Tag schlägt das Herz etwa 100.000 Mal. Ist das Herz nicht ein erstaunliches Organ?

Ein Mensch furzt durchschnittlich vierzehn Mal am Tag (Hunde vielleicht ein bisschen mehr...).

Wusstest du auch, dass dein Furz ziemlich schnell ist und sich mit etwa 3 Metern pro Sekunde fortbewegt? Wie schnell kannst du furzen und einen Raum verlassen, bevor du erwischt wirst?

Deine Zähne sind vielleicht nicht so scharf wie die eines Weissen Hais, aber sie sind auch sehr stark.

Deine Weisheitszähne, also die hinteren Backenzähne, sind sogar genauso stark wie die Zähne von Haien. Wissenschaftler haben herausgefunden, dass die Schmelzschicht der menschlichen Zähne der Schmelzschicht der Haifischzähne sehr ähnlich ist.

Wusstest du, dass Hunde nicht die einzigen sind, die Gerüche gut riechen können?

Die menschliche Nase ist in der Lage, eine Billion Gerüche zu erschnüffeln und zu unterscheiden. Wie viele Gerüche kannst du nennen? Mein Lieblingsgeruch ist der Geruch von gebackenem Bananenbrot!

Etwa 7-8 % des Körpergewichts besteht aus Blut.

Ein durchschnittlicher Mensch hat etwa 5 Liter Blut in seinem Körper. Deshalb kann der Körper einen geringen Blutverlust verkraften und so lange überleben, bis eine Bluttransfusion durchgeführt werden kann. Verliert ein Mensch jedoch mehr als 15 % seines gesamten Blutvolumens, kann er einen Schock erleiden und sterben.

Dein Mund produziert innerhalb eines Tages mehr als einen oder sogar zwei Liter Speichel.

Was glaubst du, wer sabbert am meisten, ich oder du? Nun, in Wahrheit sind es Hunde. Wenn du aber die gesamte Spucke, die sich innerhalb eines Tages in deinem Mund bildet, sammeln würdest, hättest du einen Liter, vielleicht sogar mehr.

Um herauszufinden, wie gross du bist:

Streckst du deine Arme aus und misst die Länge von den Fingerspitzen der einen Hand bis zum Ende der Fingerspitzen der anderen Hand. Probiere es aus!

Ich habe versucht, mich von der Nasenspitze bis zur Schwanzspitze zu messen, aber das war nicht meine richtige Größe, denn die Methode funktioniert nur bei Menschen. Eine Französische Bulldogge ist nur etwa 28-33 cm groß.

Kinder, man kann nicht niesen und gleichzeitig einfach die Augen offen haben.

Das ist eine bewiesene Tatsache. Sie schließen sich während des Niesens auch nur für den Bruchteil einer Sekunde. Wenn du dich ganz bewusst bemühst, deine Augen beim Niesen offen zu halten, ist es möglich, aber es ist ein automatischer Reflex und geht sehr schnell.

BIOLOGIE DES MENSCHEN - TRIVIA

Schau, wie viele Fragen du beantworten kannst. Gebe dir selbst einen Punkt für jede richtige Antwort. Die Antworten findest du auf der nächsten Seite. Nimm dir ein Blatt Papier und einen Stift und los geht's!

1. Richtig oder falsch: Der größte Prozentsatz des Staubs in deinem Haus besteht aus toter menschlicher Haut.

2. Ja oder nein: Der erwachsene Mensch hat 206 Knochen, während ein Baby 300 Knochen hat.

3. Wird ein Mensch im Weltraum größer?

4. Nenne die härteste Substanz, die im menschlichen Körper zu finden ist.

5. Richtig oder falsch: Während des Verdauungsprozesses der Nahrung steigt die Körpertemperatur an.

6. Welche menschliche Blutgruppe ist die seltenste?

7. Warum wird die Sehkraft mit zunehmendem Alter schwächer?

8. Welcher Teil des Körpers wird "Ohrmuschel" genannt?

9. Wachsen die Ohren im Laufe des Lebens weiter?

10. Richtig oder falsch: Neandertaler haben größere Gehirne als moderne Menschen gehabt.

Okay, Freunde, es ist Zeit, eure Punkte zu zählen. Auf der nächsten Seite findest du die Antworten. Denkt daran, dass ihr trotz eurer Punktzahl ein Gewinner seid, weil ihr die Antworten gelesen und mehr über den menschlichen Körper gelernt habt – gut gemacht!

TRIVIA-ANTWORTEN

1. Richtig oder falsch: Der größte Prozentsatz des Staubs in deinem Haus besteht aus toter menschlicher Haut.

Falsch. Staub in deiner Wohnung setzt sich aus vielen verschiedenen Partikeln zusammen. Abgestorbene menschliche Haut ist eines davon; andere sind Insektenreste, Schmutz und sogar Tierhaare.

2. Ja oder nein: Der erwachsene Mensch hat 206 Knochen, während ein Baby 300 Knochen hat.

Ja. Einige der Knochen im Schädel eines Babys sind noch nicht verwachsen und werden separat gezählt. Ein erwachsener Mensch mit einem vollständig verschmolzenen Schädel hat also weniger Knochen als ein Baby.

3. Wird ein Mensch im Weltraum größer?

Ja. Durch die Schwerkraft im Weltraum dehnen sich die Knorpelscheiben in der Wirbelsäule eines Menschen aus, wodurch er automatisch größer wird.

4. Nenne die härteste Substanz, die im menschlichen Körper zu finden ist.

Zahnschmelz. Denk daran, dass menschliche Zähne so stark sind wie die Zähne eines Hais.

5. Richtig oder falsch: Während des Verdauungsprozesses der Nahrung steigt die Körpertemperatur an.

Wahr. Der Verdauungsprozess lässt den Magen und andere Organe härter arbeiten, wodurch mehr Energie verbraucht wird, was wiederum die Körpertemperatur erhöht.

6. Welche menschliche Blutgruppe ist die seltenste?

AB-negativ ist die seltenste Blutgruppe. Nur etwa ein Prozent der Weltbevölkerung hat diese Blutgruppe. Weißt du, was deine Blutgruppe ist? Frag deine Eltern!

7. Warum wird die Sehkraft mit zunehmendem Alter schwächer?

Die Linsen in deinen Augen wachsen weiter und werden immer dicker, was das Sehen im Alter erschwert.

8. Welcher Teil des Körpers wird "Ohrmuschel" genannt?

Die Ohrmuschel ist dein äußeres Ohr. Der muschelartige Knorpelteil sieht aus wie, nun ja, eine Muschel.

9. Wachsen die Ohren im Laufe des Lebens weiter?

Deine Knochen und Muskeln hören auf zu wachsen, wenn du 18 Jahre alt bist (oder jünger bei Mädchen). Die Ohren und die Nase bestehen jedoch aus Knorpel, der nie aufhört zu wachsen. Deshalb scheinen ältere Menschen größere Ohren und Nasen zu haben. Da Menschen keine langen Schlappohren wie Hunde haben, muss man sich natürlich keine Sorgen machen, denn der Knorpel wächst sehr langsam.

10 Richtig oder falsch: Neandertaler haben größere Gehirne als moderne Menschen gehabt.

Wahr. Wissenschaftler haben herausgefunden, dass die Gehirne der Neandertaler noch lange nach dem Erreichen der Geschlechtsreife weiter wuchsen, weshalb sie größer sind als die modernen Menschen. Allerdings beginnen die Wissenschaftler auch, frühere Theorien zu ändern, wonach der Neandertaler nicht sehr intelligent war. Die Höhlenmalereien dieser alten Spezies beweisen, dass die Neandertaler möglicherweise intelligenter waren, als wir es ihnen zutrauen.

Dieses Quiz hat mir sehr viel Spaß gemacht, und ich hoffe, dir hat es auch gefallen und du hast dabei mehr über deinen Körper gelernt.

Im nächsten Kapitel werden wir etwas über die Welt Geographie lernen. Ich habe interessante Fakten über Vulkane, das Meer, das Wetter und vieles mehr gefunden. Es gibt auch eine besondere Geschichte über ein tapferes kleines Mädchen namens Tilly.

Kapitel 4: Welt Geographie

In diesem Kapitel über die Welt Geografie wirst du sehen, wie vielfältig unser Planet ist: Es gibt hohe Gebirge wie den Himalaya, die spannend und gefährlich zu erforschen sind, wundersame und schöne Formationen wie das Great Barrier Reef im Ozean und vieles mehr.

Sollen wir beginnen?

FAKTEN ÜBER DIE BERGE

Weißt du, warum Flugzeuge nicht über den Himalaya fliegen?

Es gibt einige Gebiete, die Flugzeuge nicht überfliegen, wie zum

85

Beispiel den Himalaya, die Arktis und die Antarktis. Meistens liegt es nicht daran, dass unsere modernen Flugzeuge nicht in solche Höhen aufsteigen können, sondern dass sie es aus Sicherheitsgründen einfach nicht tun.

Für den Himalaya beispielsweise gibt es mehrere Gründe, warum er für Flugzeuge gefährlich ist.

Der Mount Everest ist 8.848 Meter (29.031,69 Fuß) hoch, während die anderen Gipfel in diesem Gebiet im Durchschnitt mindestens 6.100 Meter hoch sind. Viele Verkehrsflugzeuge können bis in Höhen von 9.000 Metern aufsteigen, aber um den Himalaya zu überfliegen, müssen sie höher in die Stratosphäre aufsteigen, was viele Risiken birgt, unter anderem eine Reduzierung des Sauerstoffs in der Luft. Wenn die Sauerstoffmasken plötzlich abfallen, weil die Luftqualität im Flugzeug gefährdet ist, muss das Flugzeug auf 3.000 Meter sinken, was im Himalaya-Gebirge ein großes Risiko ist (Curran, 2020).

Turbulenzen in wolkenfreier Luft sind ein weiterer Grund. Diese Wetterbedingung wird nicht immer vom Radar des Flugzeugs erfasst und ist in Hochgebirgsregionen häufig vorhanden. Klarluft Turbulenzen verursachen kaltes Wetter, welches den Treibstoff des Flugzeugs gefrieren lassen kann.

Die Besteigung des Mount Everest ist eine Herausforderung und viele erreichen den Gipfel nicht.

Jedes Jahr wagen Hunderte von Menschen die riskante Besteigung des Mount Everest. Der Himalaya ist jedoch nicht zu jedem freundlich und viele scheitern bei ihrem Versuch, den Gipfel des Everest zu erreichen.

Viele haben es geschafft, aber jede Menge Bergsteiger sind auch an den Hängen des Berges umgekommen.

Die Menschen trainieren monatelang, bevor sie versuchen, den Berg zu besteigen. Dennoch gibt es viele Gefahren, die eine Besteigung zum Scheitern verurteilen. Da der Sauerstoff in der Atmosphäre mit zunehmender Höhe immer dünner wird, müssen die Bergsteiger Sauerstoffflaschen mit sich führen – sonst ersticken sie und sterben an Erschöpfung. Plötzliche Lawinen (wenn ein Teil der Schneedecke, die den Berg bedeckt, herabstürzt), verschütten manchmal ganze Teams von Bergsteigern.

Nach Angaben der Himalaya-Datenbank liegt die Wahrscheinlichkeit, dass jemand auf dem Weg zum Gipfel des Everest stirbt, bei eins zu 100. Manchmal können Menschen, die auf halber Höhe in Schwierigkeiten geraten, nicht gerettet werden und sind leider für immer verloren.

Warum können Hubschrauber nicht zum Mount Everest fliegen?

Kinder, ihr fragt euch vielleicht, warum ein Hubschrauber nicht zur Rettung von Menschen geschickt werden kann, die beim Besteigen des Mount Everest in Schwierigkeiten geraten. Schließlich haben Hubschrauber doch schon viele mutige Rettungsaktionen durchgeführt, oder?

Nun, leider bietet die Luftdichte in größeren Höhen den Blättern eines Hubschraubers nicht genügend Auftrieb. Die größte Höhe, in die ein Hubschrauber fliegen kann, ist das Everest-Lager 2. Es befindet sich auf 6.400,8 m. Wenn du also beim Besteigen des Everest in Schwierigkeiten gerätst, musst du es zurück zum Lager schaffen, um gerettet zu werden.

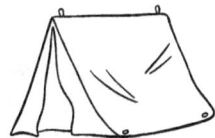

Was ist der längste Name, der einem Ort gegeben wurde?

Kannst du diesen Namen aussprechen?

Taumatawhakatangihangakoauauotamateaturipukakapikimaungahor

onukupokaiwhenuakitanatahu.

Ich habe mir die Zunge verknotet, als ich versuchte, ihn auszusprechen. Der Name wird einem 300 Meter hohen Hügel auf der Nordinsel Neuseelands gegeben. Der Ort in Porangahau steht im Guinness-Buch der Rekorde als der längste Ortsname mit 85 Buchstaben.

Die Ureinwohner Neuseelands, die Maori, benannten diesen Hügel zu Ehren eines tapferen Kriegers namens Tamatea, der nach dem Tod seines Bruders lange Zeit in Trauer auf dem Hügel verbrachte. Der Hügel wurde zu Ehren dieser Tat benannt und der obige Name ist nur eine verkürzte Version. Hier ist der vollständige Name und die Bedeutung, die dem Ort gegeben wurde:

„Der Gipfel, auf dem Tamatea, der Mann mit den großen Knien, der Gleiter, Bergsteiger, der Landschlucker, der umher reiste und seiner Geliebten auf der Flöte vorspielte"

Zum Glück heiße ich nur Ronny, der Frenchie!

ALLES ÜBER VULKANE

Dafür musste ich meinen Wärmeschutzanzug anziehen, denn im Inneren eines Vulkans ist es wirklich heiß! Ich kann euch sagen, dass niemand in einen aktiven Vulkan gehen kann, ohne sich zu verbrennen. Dank meines Superhirns konnte ich aber meinen Isolieranzug erfinden und mehr erkunden. Hier ist, was ich herausgefunden habe, Kinder:

Wie entstehen Vulkane?

Im Allgemeinen entsteht ein Vulkan durch eine Öffnung in der Erdoberfläche. Vulkane findet man normalerweise auf dem Gipfel eines Gebirges.

Kinder, ihr wisst, dass der Erdkern aus heißer, geschmolzener Lava besteht. Durch die Öffnung im Vulkan können heiße Lava und Gase, die unter der Erdkruste eingeschlossen sind, entweichen.

Sind Vulkane gefährlich?

Ja, das sind sie. Vulkane stellen viele Bedrohungen dar. Sie können Häuser, Ernten und Landstriche im Umkreis von mehreren Kilometern zerstören. Wissenschaftler überwachen aktive Vulkane und geben bei plötzlicher Aktivität oder der Gefahr eines Vulkanausbruchs Evakuierungsaufrufe heraus.

Wenn ein Vulkan ausbricht, strömen sehr heiße, giftige Substanzen aus. Giftige Gase, heiße Felsen, geschmolzene Lava und Asche sind alle Teil eines Vulkanausbruchs.

Sie werden als "pyroklastische Ströme" bezeichnet und bewegen sich sehr schnell – 720 Kilometer pro Stunde!

Manchmal können sich Menschen nicht rechtzeitig in Sicherheit bringen und kommen durch pyroklastische Ströme ums Leben, obwohl Wissenschaftler mit der heutigen Technologie in der Lage sind, Warnungen rechtzeitig herauszugeben. Ein Vulkanausbruch ist schwer vorherzusagen, aber es gibt einige Anzeichen, auf die man achten sollte: Erdbeben und Gasausstoß. In früheren Zeiten hatten die Menschen nicht so viel Glück. Manchmal wurden ganze Städte durch plötzlich ausbrechende Vulkane zerstört.

Viele Menschen leben in unmittelbarer Nähe eines Vulkans – einem Gebiet, das Wissenschaftler als "Gefahrenzone" bezeichnen. Man geht davon aus, dass weltweit etwa 350.000 Millionen Menschen zu nahe an Vulkanen leben. Das betrifft nach meiner Rechnung einen von 20 Menschen.

Ein Vulkan kann aus unterschiedlichen Gründen an verschiedenen Orten ausbrechen. Der häufigste Ort, an dem ein Vulkan entsteht, ist der Treffpunkt der tektonischen Platten der Erde.

Weißt du, was tektonische Platten sind?

Tektonische Platten sind Teile der Erdkruste, die zerbrochen sind und sich an Punkten treffen, an denen die zerbrochenen Punkte zusammenpassen – ähnlich wie bei deinem Lieblings-Puzzle. Wissenschaftler nennen tektonische Platten auch "Krustenplatten". Man findet sie sowohl im Meer als auch an Land. Manchmal sind diese Platten in Bewegung und verschieben sich in verschiedene Positionen, wobei sie aufgrund von Reibung stecken bleiben und ineinander verkeilen. Manchmal lösen sich die verkeilten Platten plötzlich, wodurch Energie freigesetzt wird, die sich über die Erdkruste bewegt und Erdbeben oder Erschütterungen verursacht.

Ein Vulkan entsteht oft dort, wo tektonische Platten aufeinander treffen. Da die beiden Platten nicht miteinander verschmolzen sind, sondern einfach nur aneinander kleben, entsteht eine Öffnung im Erdkern, wenn geschmolzene Lava und Gas aus dem Riss austreten.

KURZER FAKT

Weißt du, wie heiß Lava sein kann? 1.250°C. Das ist ziemlich heiß! Genug, um ein Ei zu kochen und es in einem Sekundenbruchteil zu verbrennen.

Wusstest du, dass es im Yellowstone-Nationalpark zwei Magmakammern gibt?

Eine davon ist flach und besteht aus einer Gesteinsart mit hohem Siliziumgehalt, dem so genannten Rhyolith. Die Kammer hat eine Tiefe von etwa 5 bis 15 Kilometern und ist etwa 40 Kilometer breit und 90 Kilometer lang. Diese Kammer enthält etwa 15 % Magma.

Die tiefere Kammer besteht aus einer Gesteinsart mit niedrigem Siliziumgehalt, die Basalt genannt wird. Sie erstreckt sich etwa 20-50 Kilometer unter der oberen Kruste. Obwohl diese Kammer größer ist als die flache Kammer, beträgt die Magma Menge dort nur 2 %.

Die meisten Vulkane befinden sich rund um den Pazifischen Ozean in einem Gebiet, das Wissenschaftler den "Ring of Fire" nennen.

Die Vulkane rund um die Hawaii-Inseln sind als "Hot Spots" bekannt. Ich habe die Inseln einmal für eine Luau (so nennt man eine traditionelle hawaiianische Feier) besucht und ich habe diese Party genossen!

Der Fluch der Pele ist der Grund, warum man niemals Vulkangestein mit nach Hause nehmen darf.

Pele ist die hawaiianische Göttin des Feuers und der Vulkane und sie verflucht jeden, der Vulkangestein von ihrem Land mitnimmt. Jedes Jahr erhält die hawaiianische Post viele Pakete mit Lavagestein und Sand von Leuten, die es von Hawaii mit nach Hause genommen haben und dadurch viel Pech erlebt haben.

Der bisher schlimmste Vulkanausbruch ist der des Mount Tambora in Indonesien.

Indonesien ist ein Archipel (eine Kette oder Gruppe von Inseln in einem Gebiet). Der Berg Tambora auf der Insel Sumbawa brach 1815 aus und hinterließ einen Krater, der über 1.100 Meter tief ist. Eine Rauchsäule (Rauch der sich in Form einer Feder ausbreitet) aus sehr heißem Gas und Asche stieg fast 45 Kilometer in den Himmel und beeinträchtigte die Ernten und Häuser auf den umliegenden Inseln in der Gegend.

Eine weitere interessante Tatsache über Indonesien und Vulkane betrifft den Vulkan Kawah Ijen auf der Insel Java. Nachts können die Menschen sehen, wie ein elektrisch blauer Lavastrom die Hänge des Berges hinunter fließt. Aber wisst ihr was, Kinder? Das ist gar keine Lava! Das blaue Leuchten kommt von den Schwefelgasen, die durch die Risse des Vulkans entweichen und sich mit der Atmosphäre verbinden. Das Phänomen ist sehr schön, denn einige Flammen schlagen fünf Meter hoch in die Luft.

INDONESIEN

DER OZEAN

Der marine Lebensraum, der sich aus Ozeanen, Riffen, Korallen und Flussmündungen zusammensetzt, bedeckt fast drei Viertel der Erdoberfläche. Das stimmt – unser Planet hat mehr Wasseroberfläche als Land. Aber noch erstaunlicher ist die Tatsache, dass fast 85 % der Pflanzen des Planeten im Meer zu finden sind!

Das Große Barriere-Riff

Das größte Riffsystem der Welt ist das Great Barrier Reef in Australien. Es ist so groß, dass das Riff auf Satellitenbildern aus dem Weltall zu sehen ist. Das Riff liegt vor der Küste des sonnigen Queensland in Australien und befindet sich im Korallenmeer. Das Riff gehört zum UNESCO-

Weltnaturerbe und ist fast 2.000 Kilometer lang. Das Riff ist insgesamt 350.000 Quadratkilometer groß und die größte von lebenden Organismen errichtete Struktur – die Korallen! Ist das nicht einfach unglaublich?

Das Tote Meer

Das Tote Meer ist eigentlich ein See. Dieser See liegt zwischen Jordanien und Israel und ist ein wunderschönes und geheimnisvolles Phänomen. Im Toten Meer lebt nichts außer einigen Algenarten und Mikroorganismen. Das Wasser ist zehnmal salziger als Meerwasser. Das Tote Meer wird durch Wasser gebildet, das aus dem Jordan in das Meer fließt. Da das Tote Meer jedoch ein Binnengewässer ist, kann das Wasser nirgendwo anders hinfließen, wenn es erst einmal im Toten Meer angekommen ist.

Aufgrund des sehr heißen Wetters in der Region beginnt das Wasser zu verdunsten und hinterlässt Mineralien und Salz, die das verbleibende Wasser sehr salzig machen. Wissenschaftler gehen davon aus, dass sich dort etwa 37 Milliarden Tonnen Salz befinden. Der hohe Salz- und Mineralgehalt macht das Tote Meer zu einem beliebten Kurort. Viele Menschen glauben an seine heilenden Kräfte. Wenn man das Tote Meer besucht, sieht man viele Menschen, die sich mit Schlamm aus dem See einreiben. Ich habe es auch probiert, Kinder, und mein Fell wurde weich und geschmeidig.

Eine weitere tolle Eigenschaft dieses sehr salzhaltigen Sees ist, dass man natürlich auf dem Wasser schweben kann. Ja, ihr werdet nicht untergehen! Der extrem hohe Salzgehalt erhöht die Dichte des Wassers, so dass man auf dem Wasser treiben kann, ohne zu sinken.

Der höchste Berg im Meer?

Du weißt, dass der Everest der höchste Berg der Welt ist, aber hast du auch schon von Mauna Kea gehört?

Der Mount Everest wird als der höchste Berg der Welt bezeichnet, weil er 8.848 Meter über dem Meeresspiegel liegt. Der Mauna Kea liegt 4.205 Meter über dem Meeresspiegel, also ist er kleiner, oder? Falsch!

Wusstest du, dass der Mauna Kea, der aus dem Pazifischen Ozean herausragt, ein alter Vulkan ist, der zu Hawaii gehört? Diese vulkanische Berg-Insel entstand vor über einer Million Jahren, als sich die tektonischen Platten auf dem Meeresgrund bewegten. Was du siehst, ist also nur die Hälfte des Berges, der aus dem Ozean ragt. Der Rest befindet sich unter dem Meeresspiegel und wenn du den Berg vom Meeresgrund bis zu seinem Gipfel misst, ist er erstaunliche 9.966 Meter hoch – damit ist der Mauna Kea sogar höher als der Everest und der höchste Berg der Erde (Dickerson, 2015).

Vulkane im Ozean

Vulkane gibt es sowohl an Land als auch auf dem Meeresboden, aber jetzt kommt das Beste: Ein Vulkan kann sogar unter sehr kalten Eiskappen ausbrechen! Vulkane im Meer werden "U-Boot Vulkane" genannt. Fast zwei Drittel der Vulkane der Erde befinden sich unter dem Meer.

DIE GESCHICHTE DER TAPFEREN TILLY SMITH-DAS MÄDCHEN, DAS VOR EINEM TSUNAMI WARNTE!

Ich habe auf meinen Reisen in England von der reizenden Tilly Smith gehört und möchte Ihnen ihre erstaunliche Geschichte von Mut und Wahrnehmung erzählen.

Es war am 26. Dezember 2004, dem zweiten Weihnachtsfeiertag, als die 10-jährige Tilly Smith in Thailand Urlaub machte. An diesem Tag genoss die Familie einen warmen, sonnigen Morgenspaziergang am Mai Khao Beach auf der Insel Phuket.

Unbemerkt von den anderen Familienmitgliedern sah Tilly, wie sich die Wellen zurückzogen und vom Ufer weggezogen wurden. Das Meer schäumte, wie wenn man ein Glas Bier einschenkt. Tilly sah all das und erinnerte sich an den Erdkundeunterricht, den sie erst vor zwei Wochen in der Schule in England besucht hatte und in dem den Kindern ein Film über einen Tsunami gezeigt worden war, der 1946 Hawaii getroffen hatte.

Hey, dachte Tilly, dieser Strand in Thailand verhält sich genauso wie der Strand in dem Film. Plötzlich wurde dem kleinen Mädchen klar, dass ein Tsunami bevorstand und sie rief ihre Familie auf, den Strand zu verlassen. Natürlich glaubte ihre Mutter ihr nicht, aber schließlich tat es ihr Vater und überzeugte das Hotelpersonal, die Leute ins Hotel zu bringen.

Und weißt du was? Nur wenige Augenblicke später sah man eine neun Meter hohe Welle auf das Land zurasen. Die Menschen schafften es gerade noch in den zweiten Stock des Hotels und wurden gerettet. Tatsächlich gab es am Mai Khao Beach dank des mutigen Handelns der jungen Tilly keine Verletzten.

Später wurde Tilly mit einem Thomas-Gray-Sonderpreis ausgezeichnet, weil sie fast hundert Menschen das Leben gerettet hat. Ist das nicht einfach fantastisch? Tilly ist das perfekte Beispiel dafür, dass man beim lernen aufmerksam sein sollte. Das gelernte Wissen kann dir vielleicht auch eines Tages helfen, eine lebensrettende Entscheidung zu treffen.

VERRÜCKTE WETTER FAKTEN

Seit ich von dem Blitz getroffen wurde, der mein Gehirn wachsen ließ, war ich vom Wetter fasziniert. Es ist ziemlich verlockend, beängstigend und fantastisch zugleich. Liebst du Gewitter oder versteckst du dich bei einem solchen lieber unter der Bettdecke? Ich weiß, dass sich ein junger Welpe oft direkt unter die Bettdecke verkriecht, wenn auf einen Blitz das Grollen des Donners folgt. Zu verstehen, wie das Wetter funktioniert, ist eine Möglichkeit, die Angst vor dem Wetter zu verlieren. Sei also bereit, von diesen verrückten Wetter Fakten, die ich für dich zusammengestellt habe, umgehauen zu werden.

Sandstürme können eine ganze Stadt bedecken!

Sandstürme treten häufig in Wüstenländern auf, die auch als 'naher

Osten' bezeichnet werden. Aber auch Länder wie China erleben plötzlich Sandstürme. Manche Sandstürme können bis zu 100 Meter hoch werden und ganze Städte verschlingen. Es dauert nur wenige Minuten, bis ein Sandsturm alles bedeckt, was sich ihm in den Weg stellt.

Eine Schlammlawine ist ein sehr gefährliches Naturereignis, das alles mit sich reissen kann, was sich ihm in den Weg stellt.

Dazu gehören Bäume, Felsen, Häuser und Fahrzeuge. Schlammlawinen, auch Erdrutsche genannt, treten häufig nach starken Regenfällen auf, wenn die Struktur des Hangs geschwächt wird und Wasseradern aus dem Inneren des Hangs dazu führen, dass sich Teile lösen und herunterfallen oder rutschen. Die gesamte Wand eines Hangs kann abrutschen und alles auf seinem Weg auslöschen.

Sobald das milde Herbstwetter einsetzt, wird dein Haus höchstwahrscheinlich von mehr Spinnen besucht werden.

Das liegt daran, dass die Insekten mit den kürzer werdenden Tagen empfindlicher auf das Wetter reagieren. Spinnen reagieren empfindlich auf Lichtveränderungen und nutzen diese, um sich verändernde Wettermuster zu erkennen. Daher führen kürzere Tage und weniger Licht dazu, dass sich Spinnen auf den nahenden Winter vorbereiten, indem sie sich in Ihrem Haus ein gemütliches Winternest einrichten.

Es gibt einen alten Mythos, der besagt, dass ein größeres Spinnennetz ein Anzeichen dafür ist, dass der Herbst naht und die Temperaturen zu sinken beginnen. Dieser Mythos ist zwar noch nicht bewiesen, aber Entomologen wissen dies: Eine Spinne, wie die meisten Insekten und

Menschen, sagt das Wetter anhand des Lichts voraus, aber im Gegensatz zu uns haben viele Insekten mehr als zwei Augen. Auf dem Kopf einer Spinne befinden sich zwei zusätzliche Augen, die sogenannten Ocelli. Durch Licht werden Informationen von diesen Augen an das Gehirn der Spinne weitergeleitet, die ihr mitteilen, dass es kälter wird.

KURZER FAKT

Wer ist ein Entomologe?

Sie sind Wissenschaftler, die Gliederfüßer untersuchen. Manche tun dies als Hobby, andere als Beruf. Entomologen üben eine sehr wichtige Tätigkeit aus, indem sie die Lebenszyklen und Gewohnheiten von Insekten, Spinnentieren und anderen Gliederfüßern untersuchen, da sie für unseren Planeten sehr wichtig sind.

Eine starke Hitzewelle kann sogar dazu führen, dass sich die Schienen verbiegen.

Es ist wahr, Kinder. Zugfahren bei extrem heißem Wetter kann gefährlich sein, weil sich die Gleise durch die Hitze verziehen und verbiegen können. Durch die Hitze dehnen sich die Stahlschienen aus und verwandeln sich in etwas, das ich Spaghetti nenne. Um die Sicherheit der Fahrgäste zu gewährleisten, verringern die Züge bei extrem heißem Wetter ihre Geschwindigkeit, was zu großen Verspätungen führen kann.

Ein Blitzschlag kann sehr heiß sein.

Ich weiß, dass es stimmt, denn ich wurde von einem Blitz getroffen! Dieses Phänomen tritt auf, weil Luft Wärme nicht richtig leiten kann und sich sehr schnell erwärmt, sobald ein Blitz durch sie hindurchfährt. Forscher sagen, dass die Temperatur eines Blitzes bis zu 28.000 °C erreichen kann, was heißer ist als die Oberfläche der Sonne.

Auf unserem Planeten kommt es jede Minute zu etwa 2.000 Gewitter-Stürmen.

Kein Grund zur Beunruhigung, Kinder; diese Gewitter treten nicht alle am selben Ort auf. Sie sind über den ganzen Planeten verteilt, was bedeutet, dass zu einem bestimmten Zeitpunkt ein Gewitter in vielen Teilen der Welt stattfindet.

Weißt du, wie Gewitter entstehen? Damit sich ein Gewitter entwickeln kann, muss eine so genannte "instabile Atmosphäre" vorhanden sein. Plötzliche Temperaturunterschiede und eine Konvektionsströmung müssen auftreten, damit ein Gewitter entsteht. Konvektionsströmungen entstehen, wenn große Mengen feuchter, warmer Luft, die verdampftes Wasser enthält, durch eine Barriere aus kalter Luft in die Atmosphäre aufsteigen. Auf ihrem Weg nach oben in die Atmosphäre bildet die warme Luft Taschen, die sich mit dichterer kalter Luft füllen. Diese Druckkombination führt zur Bildung von Gewitterwolken und damit zur Entstehung von Unwettern.

Ein Flächenbrand kann einen Feuertornado erzeugen, der als "Feuerwirbel" bezeichnet wird.

Wenn ein Waldbrand stark brennt, kann er seinen eigenen Wind erzeugen, der wiederum die Bildung von Tornados oder Feuerwirbeln verursacht. Diese Feuerwirbel können sehr groß sein und brennen mit einer hohen Temperatur von etwa 1.100 °C.

Manchmal ist ein Mini-Feuerwirbel sogar in einem kleinen Lagerfeuer zu sehen. Wenn du also das nächste Mal am Lagerfeuer sitzt, schaue tief in das Feuer hinein – vielleicht entdeckst du einen Mini-Feuerwirbel. Andere Bezeichnungen für einen Feuerwirbel sind "Feuertornado" und "Feuerteufel". Wenn du das nächste Mal in den Nachrichten von einem wütenden Waldbrand hörst, wirst du vielleicht hören, wie Feuerwehrleute einen Feuerwirbel beschreiben. Ziemlich cool, oder?

Als Nächstes wollen wir die verschiedenen Kontinente der Erde erkunden. Bei meinen Abenteuern auf der ganzen Welt habe ich so viel über die Kulturen unseres wunderbaren Planeten gelernt, dass ich die Details mit dir teilen möchte. Ich bin durch Regenwälder gewandert, wurde auf den Ebenen Afrikas von einem wütenden Strauß gejagt und habe einen sehr interessanten Hexendoktor getroffen, der mich zu seinem Assistenten machen wollte. Lasst uns etwas über die Menschen in fernen Ländern und ihre Kulturen und Traditionen erfahren, die so ganz anders sind als das, was ihr vielleicht von zu Hause gewohnt seid.

Kapitel 5: Entdeckung der faszinierenden Kontinente der Welt

Die Welt ist in sieben Kontinente unterteilt – also in Gebiete, die alle Länder der Welt umfassen. Aufgrund der geografischen Lage der einzelnen Kontinente gibt es Unterschiede in Bezug auf Klima, Umwelt, Fauna, Flora und Menschen. Jeder Kontinent weist einzigartige Unterschiede auf, zusätzlich zu den traditionellen Kulturen, die in den Ländern auf diesen Kontinenten

praktiziert werden. Mein Traum ist es, ein Entdecker zu sein und die vielen Unterschiede zwischen den Kontinenten kennenzulernen.

Wusstest du, dass die Menschen früher glaubten, die Welt sei flach und dass Schiffe, die bis zum Ende des Atlantik segelten, von der Erde fallen würden? Das war so, bis Christoph Kolumbus, vom europäischen Kontinent (Spanien), den nordamerikanischen Kontinent entdeckte und ihn "die Neue Welt" nannte.

Bist du bereit, dich mit mir auf eine abenteuerliche Reise durch die sieben Kontinente zu begeben? Beginnen wir damit, uns alle sieben Kontinente der Welt in Erinnerung zu rufen.

1. Nord-Amerika
2. Südamerika
3. Afrika
4. Europa
5. Asien
6. Australien
7. Antarktis

WUSSTEST DU DAS?

Der Name "Amerika" stammt von einem sehr berühmten italienischen Seefahrer namens Amerigo Vespucci?

Er war einer der ersten Entdecker aus Europa, der die Neue Welt bereiste. So wurde der amerikanische Kontinent gleich nach seiner Entdeckung durch Christoph Kolumbus genannt. Zunächst wurde nur der Süden als Amerika bezeichnet, doch schon bald erhielt die gesamte Landmasse den Namen "Amerika" und wurde dann weiter in Südamerika und Nordamerika unterteilt.

DER SÜDAMERIKANISCHE KONTINENT

Südamerika, der viertgrößte Kontinent der Erde, ist eine wunderbare Mischung von Kulturen und beherbergt wie Asien eine sehr vielfältige Bevölkerung.

Die Menschen sind freundlich und lieben Feste. Die Strände gehören zu den schönsten der Welt und die Erkundung der Wildnis ist ein aufregendes Abenteuer. Der Amazonas bietet jede Menge Abenteuer, aber auch Gefahren, denen man sich bewusst sein muss. Das Wetter ist warm und sonnig, manchmal auch sehr schwül und heiß, aber das gehört alles zum Abenteuer.

Da sich viele Nationen auf diesem Kontinent befinden, gibt es dort eine interessante Vielfalt an Kulturen und Speisen. Viele verschiedene Sprachen und zahlreiche alte Traditionen und Stämme, wie die Inka, machen Südamerika zu einem der faszinierendsten und aufregendsten Orte der Welt.

Die Kultur in Südamerika ist sehr alt und vielfältig. Sie ist eine lebendige Mischung aus Stämmen, die schon existierten, bevor die Europäer auf den Kontinent kamen. Die Einwohner, eine wunderbare Mischung aus Einwanderern aus Asien und Europa sowie Afrikanern, die als Sklaven auf den Kontinent gebracht wurden, haben dem Land eine Fülle bunter Traditionen und Kulturen beschert.

Diese vielfältige Mischung von Kulturen spiegelt sich in vielen Aspekten wider. Einer meiner Lieblings-Aspekte ist das Essen. Man kann in Südamerika herumwandern und die Vielfalt des Essens probieren und in jedem Land neue Gerichte entdecken.

Auch in der Musik, den Festen, der Architektur und den Religionen Südamerikas gibt es viele kulturelle Unterschiede.

Ich habe eine Liste mit erstaunlichen Fakten über Südamerika zusammengestellt, um Ihnen zu helfen, den Kontinent besser zu verstehen.

Erstaunliche Fakten über Südamerika

Es gibt keine Türklingeln in Paraguay.

Ich stand einmal im strömenden Regen vor dem Haus meines Freundes in Paraguay und suchte nach einer Türklingel. Es gab keine – deswegen versuchte ich sogar zu bellen, aber niemand öffnete die Tür! Weißt du, was ich hätte tun sollen?

Ich hätte klatschen sollen! Richtig, ein paar Mal klatschen ist eine traditionelle Methode für Besucher, um anzukündigen, dass sie vor der Tür stehen. In Paraguay befinden sich Häuser in einem Gelände, das von einer Mauer und einem Tor umgeben ist. Besucher dürfen niemals einfach so hineingehen, auch wenn das Tor offen ist. Sie müssen etwa 4–5 Sekunden lang klatschen, um sich anzukündigen.

Südamerika ist die Heimat der längsten Bergkette der Welt.

Die Anden erstrecken sich über gigantische 7.000 Kilometer vom Norden bis zum Süden Lateinamerikas (ein anderer Name für Südamerika).

Die Anden durchqueren sieben Länder: Peru, Venezuela, Bolivien, Ecuador, Argentinien, Chile und Kolumbien.

Die durchschnittliche Höhe der Bergkette beträgt 4.000 Meter.

KURZER FAKT

Die Anden mögen zwar groß erscheinen, aber im Vergleich zum breitesten Gebirgszug der Welt sind sie ziemlich winzig. Der Mittelatlantische Rücken liegt auf dem Meeresgrund und ist gigantische 65.000 Kilometer lang! Die durchschnittliche Höhe seiner Gipfel beträgt 4.200 Meter über dem Meeresboden.

Es gibt insgesamt 12 Länder auf dem Kontinent, aber es werden viele Sprachen gesprochen!

In Südamerika gibt es nur 12 Länder, darunter Argentinien, Bolivien, Brasilien, Chile, Kolumbien, Ecuador, Guyana, Paraguay, Perú, Surinam, Uruguay und Venezuela. Dort werden jedoch über 400 Sprachen gesprochen.

In Südamerika versteht niemand das Bellen, außer den Latino-Hunden, die ich dort getroffen habe. Es ist gut, dass ich die menschliche Sprache verstehe, denn auf dem gesamten Kontinent wurden 450 Sprachen registriert. Damit ist der südamerikanische Kontinent der sprachlich vielfältigste der Welt.

- Portugiesisch und Spanisch sind die am häufigsten gesprochenen Sprachen auf dem Kontinent.

- Englisch, Italienisch, Deutsch, Arabisch, Niederländisch, Japanisch, Chinesisch und Ukrainisch sind weitere Sprachen, die in Südamerika gesprochen werden.

- Auf dem Kontinent werden viele indigene Sprachen gesprochen. Die bekanntesten sind Quechua, Guarani und Aymara.

- Die Quechua-Sprache war während der Zeit der Inka weit verbreitet.

Was bedeutet 'linguistik'?

Linguistik ist die Lehre von der menschlichen Sprache, ihrer Entwicklung und ihrer Anwendung.

Bolivien hat kein McDonald's.

So schockierend es auch klingen mag, in Bolivien gibt es keine McDonald's-Filialen. Allerdings gab es einmal McDonald's-Restaurants im Land. Das erste wurde 1997 in La Paz eröffnet. Zu Beginn waren viele

Menschen begeistert von der Ankunft von McDonald's in Bolivien und bildeten lange Schlangen, um hineinzukommen.

Im Jahr 2002 wurden alle Filialen endgültig geschlossen. Dafür gibt es mehrere Gründe. Einer ist, dass die Menschen das lokale Essen dem Big Mac vorzogen. Das liegt daran, dass die Zubereitung und der Verzehr von Lebensmitteln fast heilig ist und eine sehr hygienische Praxis, bei der auf jede Zutat geachtet wird, die in eine Mahlzeit kommt. Leider konnte McDonald's mit dieser erstaunlichen Liebe zum Essen nicht mithalten.

Die höchstgelegene Hauptstadt der Welt liegt in Südamerika.

La Paz, die Hauptstadt Boliviens, liegt auf einer Höhe von 3.650 Metern. Allerdings ist der Titel nicht ganz eindeutig, denn La Paz gilt nur als Regierungssitz, während der offizielle Hauptstadt Status des Landes der Stadt Sucre zuerkannt wird, die auf nur 2.810 Metern liegt.

Die Hauptstadt Ecuadors, Quito, liegt auf einer Höhe von 2.850 Metern und ist die zweithöchste Hauptstadt des Kontinents. (Oder die erste, wenn man La Paz nicht als offizielle Hauptstadt mitzählt.)

WUSSTEST DU DAS SCHON?

Brasilien ist eines der kulturell vielfältigsten Länder auf dem südamerikanischen Kontinent. Die Grenzen Brasiliens sind von 9 der zwölf Länder Südamerikas umgeben. Abgesehen von Ecuador und Chile ist Brasilien von allen anderen Ländern des Kontinents umgeben.

Gnocchi werden in Argentinien am 29. eines jeden Monats gegessen.

Die Tradition, am 29. eines jeden Monats Gnocchi zu essen, begann mit den italienischen Einwanderern, die im 19. Jahrhundert nach Südamerika kamen. Der Tradition zufolge wird Geld als Glückssymbol unter einen Teller mit Gnocchi gelegt. In den meisten argentinischen Restaurants gibt es für alle Gnocchi-Gerichte, die am 29. serviert werden, spezielle Angebote. Schaut also unbedingt auf die Speisekarte, wenn ihr bei eurem nächsten Urlaub in das Land fahrt!

Die Galapagos-Inseln in Südamerika inspirierten Darwin zu seiner Evolutionstheorie.

Was weißt du über die faszinierenden Galapagos-Inseln?

Die Galapagos-Inseln sind ein Archipel vor der Küste des sonnigen Ecuadors, das für seine große und vielfältige Tier- und Pflanzenwelt bekannt ist, die an Land und im Meer gedeiht. Die Tierwelt auf den Galapagos-Inseln ist erstaunlich. Es gibt über 500 Fischarten und viele einzigartige endemische und gefährdete Arten. Jedes Mal, wenn ich die Inseln besuche, bin ich überwältigt von der Vielfalt der Tier- und Pflanzenwelt, die diesen Ort zu einem der wunderbarsten Naturräume der Welt macht. Aufgrund ihrer besonderen Eigenschaften sind fast 97 % der Inseln als Nationalpark ausgewiesen. Das umgebende Meer ist als UNESCO-Biosphäre gekennzeichnet.

Wie du sehen kannst, ist die Welt ein erstaunlicher und vielfältiger Ort. Es gibt noch so viel mehr zu lernen.

NORD-AMERIKA

Es handelt sich um den drittgrößten Kontinent der Welt, der seit über 30.000 Jahren bewohnt sein soll. Die Ureinwohner Nordamerikas sind die amerikanischen Ureinwohner, die dort lebten, bevor die Europäer kamen. Sie setzten sich aus über 500 Stämmen zusammen, von denen die Navajo, Cherokee, Sioux, Chippewa, Blackfeet und Apachen den größten Teil der Bevölkerung stellten.

Nach der Entdeckung der "Neuen Welt" durch Christoph Kolumbus im Jahr 1492 begann die europäische Kolonisierung Nordamerikas. Die einheimischen Stämme verloren den größten Teil ihrer Heimat und wurden gezwungen, in für sie vorgesehenen Reservaten zu leben.

Heute sind die USA eine der mächtigsten Nationen der Welt, und

trott vieler Prüfungen und Kriege –
einschließlich des Bürgerkriegs
(1861-65). Der Bürgerkrieg
wurde zwischen den nördlichen
und südlichen Regionen der
Vereinigten Staaten geführt, um
die Sklaverei im Süden zu beenden.
Die Nation hat gelernt, mit den Kulturen der
verschiedenen Ethnien zu leben, die in den USA ihr Zuhause sehen.

Wissenswertes über Nordamerika

Die Amerikaner lieben Pizza.

Die Nation isst jede Sekunde unglaubliche 350 Scheiben! Nun, Kinder, in Frankreich würden wir sagen: "Bon Appetit! Genießt eure Pizza!" (Silly Facts, 2015).

Das Empire State Building ist so groß dass es seine eigene Postleitzahl hat.

Sie lautet 10118 – für den Fall, dass Sie einen Brief an jemanden dort schicken wollen. Es werden 260.000 Quadratmeter zur Miete angeboten und das Gebäude beherbergt viele prestigeträchtige Büros wie LinkedIn und Shutterstock.

Im 102. Stock gibt es eine Aussichtsplattform und wenn Sie die Treppe nehmen würden, müssten Sie 1.872 Stufen hinaufsteigen! Puh, wenn ich nur daran denke, wird mir schwindelig! Aber die gute Nachricht ist, dass das Gebäude mit über 70 Aufzügen ausgestattet ist, die eine sanfte Fahrt nach oben ermöglichen.

Der größte Nationalpark des Kontinents liegt in Kanada.

Der Wood Buffalo National Park ist 44.807 km² groß und damit größer als die Schweiz.

Mexiko hat die Kakaobohne in der Welt eingeführt!

Mann, bin ich froh, dass die Mexikaner das getan haben! Früher galt die Kakaobohne als so wertvoll, dass sie als Zahlungsmittel verwendet wurde. Die Eingeborenen nutzten die Bohne als Tauschmittel. Die Azteken, die vor der Übernahme durch die Spanier im 16. Jahrhundert in Mexiko lebten, stellten ein spezielles, aber ziemlich bitteres Kakaogetränk her, das nur dem König vorbehalten war. Ich bin froh, dass ich kein Aztekenkönig war – ich mag meine Schokolade schön süß!

WUSSTEST DU DAS SCHON?

Grönland ist ein autonomes (unabhängiges) Land, wird aber als Teil des nordamerikanischen Kontinents geführt und ist auch die größte Insel dieses Kontinents. Geopolitisch gesehen gehört Grönland jedoch zu Europa, da es sich in unmittelbarer Nähe zum europäischen Kontinent befindet. Grönland wird als Teil des Königreichs Dänemark betrachtet, obwohl es über einen großen Autonomiespielraum verfügt und weder in der Währungs- noch in der Außenpolitik Dänemarks berücksichtigt wird. Die Insel wird seit mehr als 5.000 Jahren von Menschen aus Europa und dem arktischen Raum besiedelt. Es handelt sich um eine unabhängige Insel, auch wenn sie aufgrund ihrer Lage aus unterschiedlichen Gründen zu verschiedenen Regionen gehört.

DER AFRIKANISCHE KONTINENT

Der zweitgrößte Kontinent der Welt ist Afrika. Gäbe es nicht einen sehr schmalen Streifen in Nordafrika, der den Kontinent mit Asien verbindet, wäre Afrika eine völlig unabhängige Landmasse. Auf dem afrikanischen Kontinent gibt es 48 Länder und sechs Insel-Nationen.

KURZER FAKT

Afrika lockt mit schönen Stränden und faszinierenden Menschen und ist damit einer der geheimnisvollsten und charismatischsten Kontinente der Welt, der in der Vergangenheit von vielen Entdeckern besucht wurde.

Der berühmteste Entdecker Afrikas war Dr. David Livingston. Er liebte Afrika so sehr, dass sein Körper zwar in der Westminster Abbey in England begraben ist, sein Herz aber in Afrika unter einem wunderschönen Mvula-Baum liegt!

Wofür ist Afrika berühmt?

Afrika ist die Heimat antiker Städte und Kulturen

Afrika ist die Heimat einiger der ältesten Kulturen und Städte der Welt. Die Erkundung von Orten wie Ägypten und Marokko ist ein wunderbares Abenteuer voller Geheimnisse und exotischer Schauplätze.

Weißt du, dass ich einmal einen fliegenden Teppich in einem verstaubten alten Laden in Marokko gefunden habe? Vielleicht war es der, den Aladdin benutzt hat! Natürlich kann man heute in keinem Geschäft in Afrika fliegende Teppiche finden. Es sei denn, du bist eine geniale Bulldogge mit Superkräften. Wenn Sie Geschichte und Kulturerbe lieben, sollten Sie Marokko einen Besuch abstatten. Das Land beherbergt so viele UNESCO-Weltkulturerbestätten, dass es eine wahre Fundgrube an Wundern ist.

Die wichtigsten UNESCO-Welterbestätten in Marokko

1. In der Medina von Fez, die im 9. Jahrhundert gegründet wurde, befindet sich die älteste Universität der Welt.

2. Die alte Stadt Meknes, die im 11. Jahrhundert gegründet wurde, ist ein faszinierender Ort, um mehr über die spanischen und maurischen Einflüsse in Marokko zu erfahren.

3. Die Medina von Marrakesch beherbergt viele alte Moscheen, Paläste und Festungen, die bis in die 1070er Jahre zurückreichen, als die Medina gegründet wurde. Medina ist eine nordafrikanische Stadt, die von einer Mauer umgeben ist.

Stämme und exotische Kulturen

Viele Touristen besuchen afrikanische Stämme, um zu sehen, wie die Menschen nach alten Traditionen leben. Hier sind vier der traditionellsten afrikanischen Stämme, die dich faszinieren werden:

Der Himba-Stamm lebt im Nordwesten Namibias.

Sie können die Himba an ihrer Hautfarbe erkennen. Sie ist leuchtend rot von Otjize, dem roten Ocker, mit dem sie sich zum Schutz vor der Sonne einreiben. Die Himba sind Halbnomaden, das heißt, sie lassen sich an einem Ort nieder, um Getreide anzubauen und sind nur zu bestimmten Jahreszeiten unterwegs.

Das Volk der Maasai in Tansania und Kenia.

Diese Menschen sind als Krieger bekannt und bleiben nur für kurze Zeit an einem Ort. Die Massai messen ihren Wohlstand an der Anzahl der Rinder, die eine Person besitzt.

Der faszinierende Zulu-Stamm in Südafrika

Die größte aller südafrikanischen ethnischen Gruppen und der bekannteste Stamm – ist berühmt für Shakaland. Das ist eine Nachbildung eines traditionellen Zulu-Gehöfts, das als Umuzi bekannt ist. Es ist eine Nachbildung des Dorfes des berühmten Zulu-Häuptlings Shaka Zulu, der in der Provinz KwaZulu

115

Natal geboren wurde. Im Shakaland können Sie mehr über das Volk der Zulu erfahren, an ihren Tänzen teilnehmen und an farbenfrohen traditionellen Feiern mitwirken.

Farben und Symbole sind ein wichtiges Kommunikationsmittel zwischen den Stämmen Afrikas, insbesondere bei den Zulu. Die Gesichtsbemalung, die die Stämme tragen, ist beispielsweise in verschiedenen Schattierungen von Schwarz, Rot, Grau, Lila, Blau und mehr gehalten. Violett symbolisiert das Königtum, während Schwarz für das Böse und das Geheimnisvolle steht und oft von Medizinmännern getragen wird. Symbole werden verwendet, um eine Geschichte zu erzählen und sind ein Hinweis auf die Geschichte einer Stammes-Familie; die Symbole dienen als Erinnerung an die Prüfungen, Erfolge und Tapferkeit, die diese Familien erlebt haben.

Die Samburu leben im Norden Kenias.

Dieser Volksstamm ist als einer der freundlichsten bekannt. Sie sind mit den Massai verwandt, haben aber ihre traditionelle Kleidung und Lebensweise beibehalten, deren Haupteinnahmequelle die Viehzucht ist. Im Gegensatz dazu, haben die Massai sich modernisiert, indem sie westliche Kleidung tragen und eine Beschäftigung außerhalb ihres Gehöfts suchen.

AFRIKA UND SEINE NATURWUNDER

Die wunderschöne geografische Lage Afrikas hat den Kontinent mit vielen Naturwundern gesegnet. Ich war ziemlich verblüfft, wie schön dieser riesige Kontinent ist. Einige der schönen Sehenswürdigkeiten, die ich sah, waren:

- das größte Landtier der Welt – der afrikanische Elefant. Er ist nur auf dem afrikanischen Kontinent zu finden.

- vier der schnellsten Landtiere der Welt: Gepard, Gnu, Thomsongazelle, Löwe

- die älteste Wüste der Welt – die Namib-Wüste. Sie beherbergt die höchsten Sanddünen der Welt

- der längste Fluss der Welt – der Nil

- der größte Wasserfall der Welt – die Victoriafälle

- die drittgrößte Wüste – die Sahara

- der zweitgrößte Fluss-Canyon der Welt – der Fish River Canyon (Nummer 1 ist der Grand Canyon in den USA)

- das größte Binnendelta der Welt – das Okavango-Delta

WISSENSWERTES ÜBER AFRIKA

1. Der Kaffee wurde erstmals von Kaldi (850 n. Chr.), einem äthiopischen Ziegenhirten, entdeckt. Er bemerkte, wie munter und bockig seine Ziegen nachts wurden, nachdem sie die Beeren eines bestimmten Baumes gefressen hatten. Der Kaffee der Marke Kaldi ist weltberühmt.

2. Ein Jahr dauert in Äthiopien 13 Monate. Die ersten 12 Monate haben 30 Tage, während der 13. Monat nur 5 Tage hat – oder 6 Tage in jedem Schaltjahr.

3. Im Sudan gibt es mehr Pyramiden als in Ägypten. Im Sudan gibt es über 200 Pyramiden – in Ägypten sind es 138.

4. Ein durchschnittlicher Rashaida-Haushalt im Sudan besitzt zwischen 50 und 70 Kamele. Sie gelten als wichtiger Besitz, der als Nahrung, Transportmittel und auch als Haustier in den Haushalten der Rashaida dient.

5. Das wärmste Land der Welt ist Mali in Westafrika.

EUROPÄISCHER KONTINENT

Auf dem europäischen Kontinent gibt es 44 Länder, in denen einige sehr faszinierende und vielfältige Nationen leben. Da die Kulturen und Traditionen der europäischen Länder sehr unterschiedlich sind, könnt ihr durch die interessanten Fakten, die ich für euch Kinder zusammengestellt habe, einiges über die Nationen lernen – viel Spaß!

Einem alten deutschen Aberglauben zufolge bringt es Unglück, jemandem im Voraus "Happy Birthday" zu wünschen.

Huch, ich bin froh, dass ich das herausgefunden habe, bevor ich meinen Freund Axle zu seinem Geburtstag besucht habe!

Oh, und noch etwas zum Aberglauben aus Deutschland: Halte dir den Mund zu, wenn du gähnst, sonst könnte ein Dämon in deine Seele eindringen.

In Griechenland sind die meisten alten Gebäude in einem leuchtenden Türkis-Blau gestrichen. Weisst du, warum?

Die Griechen glauben, dass die Farbe den bösen Blick abhält.

In Griechenland winkt man nicht mit gespreizten Fingern und der Handfläche zum Gegenüber, da diese Geste als Beleidigung gilt.

Um auf Nummer sicher zu gehen, wedel ich nur mit dem Schwanz zum Gruß und zum Abschied.

Wusstest du, dass der beliebteste und meistbesuchte Ort in Europa das Louvre-Museum in Paris ist?

Ja, und es beherbergt die Mona Lisa, ein wunderschönes und berühmtes Gemälde von Leonardo Da Vinci – einem italienischen Künstler.

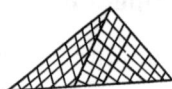

KURZER FAKT

Das kleinste Land der Welt ist die Vatikanstadt. Sie befindet sich innerhalb der Stadt Rom in Italien. Es handelt sich um einen unabhängigen Stadtstaat.

Weisst du, wo die meiste Schokolade verkauft wird?

Natürlich auf dem Flughafen Brüssel in Belgien, denn die belgische Schokolade ist so fein. Jedes Jahr werden über 800 Tonnen davon verkauft.

Chocolate

Rasenmähen am Sonntag ist in der Schweiz verboten

Wenn du in der Schweiz wärst und deine Mutter dich bitten würde, an einem Sonntag den Rasen zu mähen, könntest du sagen: "Nein, Mama, das ist verboten." Rasenmähen am Sonntag ist verboten, genauso wie das Waschen von Wäsche und das Aufhängen zum Trocknen. Ebenso wie das Waschen deines Autos und sogar der Versuch, etwas zu bauen. Der Grund dafür ist, dass der Sonntag ein Tag der Ruhe ist und niemand durch laute Aktivitäten der Nachbarn gestört werden möchte. Genau da möchte ich am Sonntag sein – auf einem schönen grünen Rasen mit einem großen Glas Limonade.

WISSENSWERTES ÜBER LEBENSMITTEL AUS EUROPA:

Die Pommes frites stammen aus Belgien, nicht aus Frankreich. Historiker haben Beweise dafür gefunden, dass die Menschen in Belgien bereits um 1600 Kartoffeln frittierten. Der Trend begann, als Dorfbewohner in einem Ort namens Maastal begannen, Kartoffeln in Scheiben zu schneiden und zu frittieren, wenn sie in den Wintermonaten nicht mehr fischen konnten.

Wusstest du, dass amerikanische Soldaten, die in Belgien stationiert waren, dort zum ersten Mal Pommes frites aßen? Und Kinder, ich muss euch sagen, dass sich das einzige Pommes-Frites-Museum der Welt in Belgien befindet. Es heißt Frietmuseum – schaut es euch online an! Übrigens streiten sich Franzosen und Belgier immer noch darüber, wer die leckeren Pommes frites eigentlich erfunden hat!

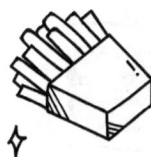

AUSTRALIA

Der australische Kontinent ist der einzige, der eine einzige Nation beherbergt – Australien! Er ist einer der faszinierendsten Kontinente unseres Planeten, der vielfältige Landschaften und wirklich seltsame Tiere beherbergt. Sie werden von den Einheimischen "Critters" genannt.

Die Amtssprache ist Englisch, obwohl die Australier für bestimmte Wörter ihren eigenen Jargon haben.

Schauen wir uns ein paar davon an, wenn Sie das nächste Mal den Kontinent besuchen und mehr als nur "Good day, mate!" sagen wollen.

1. cake hole—Mund; das macht Sinn, denn wie könnte man sich den Mund besser merken als mit Kuchen!

2. Sheila—eine Frau

3. Bush telly—geht es nicht darum, vor dem Fernseher zu sitzen; es bedeutet tatsächlich die Umgebung zu genießen: den weiten Himmel, die Sterne, den umliegenden Busch und das Lagerfeuer.

4. roo—Känguru; pass auf, diese zappeligen Kerle sind überall unterwegs

5. bikki—Kekse

Wenn du denkst, dass Australier lustig reden, dann solltest du dir diese interessanten Fakten ansehen.

In Australien gibt es mehr Kängurus als Menschen.

Laut einer Erhebung der australischen Regierung aus dem Jahr 2019 gibt es 50 Millionen Kängurus und nur 25 Millionen Menschen (Kangaroos, 2019).

Die Banknoten in Australien sind resistent gegen Feuchtigkeit.

Sie sind wasserdicht und viel sauberer als die anderer Länder. Oh, und sie sind schwerer zu fälschen.

Die Ureinwohner Australiens werden Aborigines genannt.

DNA-Studien haben gezeigt, dass sie eine der ältesten bekannten Zivilisationen der Welt sind. Ihre Abstammung reicht 75.000 Jahre zurück.

Die Kunst der Aborigines ist wunderschön und einzigartig; die Bilder werden durch ein System von bunten Punkten erzeugt.

Ein Didgeridoo ist ein traditionelles Blasinstrument der Aborigines, das einer langen Pfeife ähnelt und als sehr heiliger Gegenstand gilt. Du musst erst die Erlaubnis deines Aborigine-Freundes einholen, bevor du es benutzen darfst.

Das Land der Kiwis, das wir besser als Neuseeland kennen, liegt direkt neben dem australischen Kontinent und ist wunderschön. Neuseeland liegt im Südpazifik und ist Teil Ozeaniens.

Bei meinem Besuch konnte ich sehen, dass es dort viele Schafe gibt. Also habe ich mich umgehört, gezählt und herausgefunden, dass es in Neuseeland mehr Schafe als Menschen gibt. Bei der letzten Zählung im Januar 2019 kamen fünf bis sechs Schafe auf einen Menschen (Joe, 2021). Ich frage mich, ob es freie Stellen für Schäferhunde gibt?

ANTARKTIS

Kinder, ich habe diesen Kontinent besucht, und ich kann euch sagen, dass er der kälteste und windigste Kontinent der Erde ist. Und er ist riesig, mit einer Fläche von 14,2 Millionen km².

Kurz nachdem ich mit der Erkundung begonnen hatte, bildeten sich Eiszapfen an meinen Schnurrhaaren, und ich musste für eine heiße Schokolade bei einer Gruppe sehr freundlicher Pinguine anhalten, die mich einluden, mit ihnen schwimmen zu gehen. Ich habe natürlich abgelehnt, denn ich wollte mir nicht den Schwanz abfrieren! Oh, wärst du mit den Pinguinen schwimmen gegangen?

Willst du schwimmen gehen?

Die Antarktis kann man als "polare Wüste" bezeichnen.

Nein, nicht weil es dort heiß und sandig ist. Im Gegenteil – die Antarktis ist kalt und mit Eis bedeckt. Aber was wir als "Wüste" bezeichnen, ist ein Land, das nur minimale Niederschläge (Schnee, Regen, Nebel, Dunst) erhält. In der Antarktis gibt es nur sehr wenig Schneefall und Regen – der durchschnittliche jährliche Niederschlag liegt bei 5 cm Regen oder Schnee (Gallo, 2021).

Der Kontinent beherbergt auch die größte Ansammlung von Süßwasser auf der Erde.

Das Wasser ist in einer sehr dicken Eisschicht gespeichert, die sich über Millionen von Jahren gebildet hat.

Dort wachsen kaum Pflanzen oder Bäume.

Tatsächlich gibt es nur zwei Arten von Blütenpflanzen, das Antarktische Perlkraut und das Antarktische Haargras, zusammen mit vielen Moosen, Pilzen und Algen, die auf dem eisigen Kontinent gedeihen.

Die Fische in der Antarktis sind etwas ganz Besonderes.

Sie verhindern das Einfrieren im eiskalten Wasser mit einer Art Protein in ihrem Blut, das sie vor dem Einfrieren bewahrt.

In der Antarktis gibt es keine richtige Zeit, weil sich die verschiedenen Zeitzonen der Welt an einem Punkt am Südpol treffen.

Auch Tag und Nacht sind ziemlich bizarr. Im Sommer scheint auf dem Kontinent sechs Monate lang ununterbrochen die Sonne und im Winter herrscht sechs Monate lang Dunkelheit.

ASIEN

Der asiatische Kontinent besteht aus vielen Ländern, da er der größte der Welt ist. Es gibt 48 Länder und drei Territorien in Asien. Das macht Asien zu einem wunderbar bunten Kontinent mit verschiedenen Menschen, die Sitten und Gebräuche pflegen, die über viele Generationen weitergegeben wurden.

SCHNELLES PROJEKT:

Kannst du Asien auf einer Weltkarte markieren und die Länder benennen?

Schau im Atlas nach, wenn du nicht weiterkommst!

Kulturelle Bräuche in Asien

Grüße sind in jeder Region anders

Ein Händedruck ist zwar in westlichen Ländern üblich, aber nicht die traditionelle Art der Begrüßung in Asien.

In Japan, China und Südkorea begrüßen sich die Menschen mit einer leichten Verbeugung, bei der sie ihre Hände an den Seiten des Körpers halten.

In Thailand, Indien und Sri Lanka führen die Menschen ihre Hände in einer Gebetshaltung zusammen und begrüßen sich mit einem leichten Kopfnicken. Auf diese Art der Begrüßung folgt ein Satz in der jeweiligen Landessprache. In Indien sagt man namaste, während man in Sri Lanka ayubowan (a-yu-bo-wan) sagen würde. In Thailand wird dieser Gruß 'wai' genannt. Die Menschen sagen sawadee krab/ka, was "Hallo!" bedeutet. Und es wird mit einem breiten Lächeln gesagt. Im Allgemeinen beendet ein Mann den Satz mit krab und eine Frau mit ka.

Vor dem Betreten einer Wohnung die Schuhe ausziehen

In den meisten asiatischen Häusern ist es Tradition, dass Besucher ihre Schuhe ausziehen, bevor sie das Haus einer Person oder einen Schrein betreten. Dieser Brauch wird in China, Thailand, Japan, Südkorea und anderen asiatischen Ländern praktiziert. Auch vor dem Betreten eines buddhistischen Tempels oder eines hinduistischen Kovils werden die Schuhe ausgezogen.

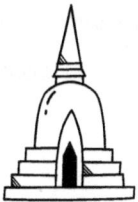

Feste, Essen, Bräuche und saisonale Feiern in Asien

Auf all meinen Reisen hat mich am meisten beeindruckt, wie unterschiedlich und lebendig die Kulturen der Welt sind. Es gibt so viele wunderbare Traditionen und Feste, an denen man teilhaben kann. Dadurch wird das Reisen zu einer sehr angenehmen Erfahrung. Wenn du zum Beispiel die sonnige Insel Sri Lanka besuchen würdest, würdest du erfahren, dass die Menschen dort den Beginn des neuen Jahres im April feiern und nicht am 1. Januar wie bei uns. Hier sind einige berühmte Feste, über die du wahrscheinlich mehr erfahren oder sogar deinen Eltern davon erzählen möchtest, damit sie deinen nächsten Urlaub so planen können, dass er mit einem dieser Feste zusammenfällt!

Das Drachenbootfestival in Singapur

Singapur ist ein kleines Land in Südostasien. Es ist die Heimat vieler ethnischer Völker wie Chinesen, Malaien und Inder. Singapur ist ein wunderschönes und farbenfrohes Land, in dem du das ganze Jahr über an großartigen Feierlichkeiten teilnehmen kannst.

Im Sommer feiert Singapur zusammen mit anderen südostasiatischen Ländern das Drachenbootfest. Während dieses Festes werden Boote gebaut und bemalt, die wie wilde und bunte Drachen aussehen. Sie werden dann in sehr spannenden Rennen eingesetzt.

Der Wettbewerb ist in vielen südostasiatischen Ländern Tradition. Auch das Essen köstlicher Klebreis-Klöße gehört zu diesen Sommerfesten. Das Rennen ist ein beliebter Sport und gehört seit über 2.000 Jahren zur chinesischen Kultur. Das ist ein fröhliches und traditionelles Fest, welches die Menschen zusammenbringt.

Songkran in Thailand

Thailand ist ein Land in Südostasien. Es ist eine Nation mit einer sehr alten Kultur. Die Menschen folgen immer noch vielen kulturellen Traditionen, die mit dem Buddhismus verbunden sind. Bangkok ist die Hauptstadt Thailands und ein sehr beliebtes Urlaubsziel, um einzukaufen und köstliches Street Food zu essen.

Songkran ist eines der beliebtesten buddhistischen Wasserfeste in Thailand, bei dem die Menschen auf den Straßen viel Spaß haben. Das Fest läutet nach dem buddhistischen Kalender das neue Jahr ein und findet jedes Jahr am 13. April statt.

Ich habe Thailand zu dieser Zeit besucht und Junge, hatte ich einen Riesenspaß! Alle sind mit Wasserkanonen und Wassereimern auf den Straßen unterwegs. Wer draußen erwischt wird, wird mit Wasser übergossen. Es ist alles nur Spaß und sogar Touristen genießen das Fest.

Die Menschen besuchen ihre Heimatorte und verbringen während Songkran Zeit mit Gebeten in den

Tempeln. Auch die Buddha-Statuen werden mit Wasser gewaschen – als Symbol für die Feierlichkeiten, die einen Neuanfang signalisieren.

Ich möchte dir sagen, dass Thailand eines der besten Länder für einen Feinschmecker wie mich ist. Während Songkran kannst du eine Vielzahl beliebter thailändischer Gerichte probieren. Hier ist mein Favorit:

Mango-Sticky-Reis

Sticky Rice ist eine der beliebtesten Nachspeisen in Thailand. Der Reis wird in cremiger Kokosnuss-Creme gekocht und mit frischen Mangoscheiben serviert.

FAKTEN ÜBER THAILÄNDISCHE ESSGEWOHNHEITEN

In Thailand benutzt man keine Stäbchen wie in China oder Singapur, sondern Gabel und Löffel. Außerdem gilt es als unhöflich, die Gabel in den Mund zu nehmen. Stattdessen wird sie benutzt, um das Essen auf den Löffel zu schieben.

Du kannst mit der Hand essen, aber nur mit der rechten Hand. In den meisten asiatischen Kulturen gilt die linke Hand als unrein. Berühre das Essen nicht mit der Handfläche, sondern benutze nur die Fingerspitzen zum Aufnehmen und Essen. Am besten ist es, klebrigen Reis mit der Hand zu essen.

Fest des Frühlings – Holi, Indien

Indien liegt in Südasien und ist ein lebendiges Land mit vielen Traditionen, Kulturen und Religionen. Indisches Essen ist in der ganzen Welt beliebt. Mein Lieblingsgericht ist Palak Paneer. Die Menschen dort feiern verschiedene Feste, die mit der Religion verbunden sind.

Holi, das Fest der Farben, ist ein beliebtes hinduistisches Fest, das in Indien gefeiert wird. Es ist ein Fest der Liebe. Der Legende nach liebte Lord Krishna ein Mädchen namens Radha. Krishna hatte aber eine ungewöhnliche Hautfarbe (er wird mit blauer Haut dargestellt). Krishna befürchtete, Radha würde seine dunkle Farbe nicht mögen und bat sie, seine Haut mit einer beliebigen Farbe zu färben, die ihr gefiel. Das tat sie, und die beiden verliebten sich ineinander.

Holi feiert die Einfärbung Krishnas durch Radha und ganz Indien explodiert in einem Kaleidoskop von Farben, wenn die Menschen spezielle farbige Pulver nehmen, die sicher zu verwenden sind und sich gegenseitig damit bewerfen. Genau wie beim Wasserfest Songkran werfen die Menschen an Holi mit farbigem Pulver und schon bald sehen alle wie wandelnde Regenbögen aus. Während Holi verbringen die Hindus ihre Zeit mit heiligen Ritualen im Kovil (dem Hindutempel) und danken Krishna, der bei den Hindus als Schöpfer des Universums gilt.

Holi wird im März gefeiert, aber der genaue Tag ändert sich je nach den Mondzyklen. Am ersten Abend des Vollmonds wird Holika Dahan gefeiert, indem große Feuer angezündet werden, die die Verbrennung des Dämons Holika darstellen und den Sieg des Guten über das

Böse symbolisieren. Am nächsten Tag wird Rangwali Holi mit bunten Farben und viel Spaß auf den Straßen gefeiert. Während des Holi-Festes gibt es viele köstliche Gerichte zu probieren.

Gujiya

Dies ist eine himmlische Süßigkeit, die ich absolut liebe. Sie bestehen aus knusprigem Blätterteig, der mit Nüssen, Rosinen und Palmzucker (Jaggery) gefüllt ist. Das Gebäck wird vor dem Verzehr in einen leckeren Zuckersirup eingelegt – köstlich!

Mittherbstfest in Hongkong

Hongkong stand bis 1997 unter der Herrschaft der Briten und wurde danach wieder Teil Chinas. Das Mittherbstfest ist eine sehr bunte und wilde Angelegenheit, zu der traditionell das Essen von Mondkuchen und das Anzünden bunter Laternen gehören.

Heutzutage ist die Parade eines riesigen Feuerdrachens ein aufregender Teil des Festes. Der Drachen ist 67 Meter lang und wird von vielen Menschen durch Tai Hang in der Causeway Bay (Ortsteil in Hongkong) getragen. Der Drache besteht aus Zehntausenden von Räucherstäbchen, die zu einem Seil geflochten sind, um ein Rückgrat zu bilden. Der Kopf ist aus Rattan und mit Stroh umwickelt, um die Räucherstäbchen aufzunehmen. Der Drache wird dann von etwa 300 Männern hochgehalten und mit Jubelgesängen durch die Straßen getragen.

Traditionelle Speisen zum Mittherbstfest

Dieses Fest fiel früher mit dem Erntefest in China zusammen. Das Mittherbst-Erntefest ist ein fabelhaftes Fest mit köstlichen traditionellen Speisen.

Mondkuchen

Dies ist bei weitem das wichtigste aller Festessen. Wenn die Zeit des Mittherbstfestes näher rückt, wirst du feststellen, dass in den asiatischen Geschäften in deiner Nachbarschaft eine Vielzahl von Mondkuchen verkauft werden. Mondkuchen sind eigentlich eine Art Gebäck, in dem sich eine köstliche, süße Füllung befindet. Traditionell besteht diese Füllung aus süßer Bohnenpaste, Lotussamen und Eigelb. Ich habe aber verschiedene Varianten entdeckt, die ich einfach liebe – wie zum Beispiel die leckeren Schokoladen-Mondkuchen.

Hier ist ein lustiger Fakt über Mondkuchen, den ich gelernt habe: Es wird angenommen, dass Mondkuchen von den chinesischen Han-Revolutionären verwendet wurden, um sich während der schrecklichen Herrschaft der Mongolen gegenseitig Nachrichten zu schicken. Die Geschichte besagt, dass es den Han verboten war, sich in Gruppen zu versammeln und sie keine Möglichkeit hatten, ihre Pläne zum Sieg über die grausamen Mongolen zu besprechen. Also benutzten sie Mondkuchen, um Nachrichten zu schmuggeln. In der Nacht des Mondfestes wurden Hunderte von Mondkuchen mit Anweisungen zur Rebellion an das chinesische Volk geschickt, das daraufhin die Mongolen angriff und sich den Sieg und die Freiheit sicherte.

In Singapur werden die Mondkuchen mit Durian gefüllt – einer tropischen Frucht, die in asiatischen Ländern als Delikatesse gilt. Aber wusstest du, dass die Durian Frucht, die von vielen als nährstoffreiches Superfood geliebt wird, einen sehr starken Geruch hat? Deshalb ist es in einigen Hotels und sogar in öffentlichen Verkehrsmitteln in Malaysia und Singapur verboten, die Frucht mitzunehmen.

Einige ungewöhnliche Fakten über Asien

Hier sind einige Fakten aus Asien, die Sie vielleicht interessant finden.

Warum die linke Hand als unrein gilt.

Die linke Hand gilt in vielen asiatischen Kulturen in Ländern wie Indien, Thailand, Nepal, Bangladesch, Pakistan, Malediven, Sri Lanka und in Teilen des Nahen Ostens als unrein. Das liegt daran, dass diese Kulturen in der Antike ihre dominante Hand verehrten, bei der es sich in der Regel um die rechte Hand handelte. Sie wurde als die Hand festgelegt, die zum Essen, Kochen, Schreiben usw. verwendet werden sollte.

Die linke Hand wurde für sanitäre Zwecke wie das Waschen nach dem Toilettengang verwendet. Daher galt die linke Hand als die "unreine" Hand – In den meisten asiatischen Kulturen ist es bis heute so geblieben.

Automaten gibt es in Japan wie Sand am Meer

Wir alle lieben Japan für seine erstaunlichen Erfindungen, die das Leben super einfach und interessant machen. Aber wusstest du, dass es in Japan die meisten Verkaufsautomaten gibt? Statistisch gesehen gibt es einen pro 30 Menschen.

Hier ist eine Liste mit einigen wirklich seltsamen Dingen, die in Japan an Automaten verkauft werden:

Lebende Wanzen. Sie werden in speziellen Behältern lebendig gehalten, damit jeder sie studieren kann. Da es aufgrund der schwindenden Umwelt Reserven immer schwieriger wird, Wanzen für Studienzwecke zu finden, wurde dieser etwas merkwürdige Automatenverkauf ins Leben gerufen.

Halskrawatten. Du weißt, wie es manchmal ist: Man genießt eine Schüssel Suppe und plötzlich hat man seine Krawatte in den Teller getaucht. In Japan ist das kein Problem – du musst nur zum nächsten Krawatten-Automaten gehen und sich die gewünschte Krawatte aussuchen!

Eier. Ja, Eier werden in Verkaufsautomaten verkauft. Die japanischen Hühner haben also alle Hände voll zu tun, genug Eier zu produzieren, um all diese Automaten zu füllen.

Pizza. Oh ja, ich liebe diese Idee! Man wirft einfach ein paar Münzen ein und schon ist eine Pizza unterwegs. Meinst du nicht auch, dass Bananenkuchen-Automaten ein großer Hit wären?

Taiwan, Müll und Beethoven

Wo ist da der Zusammenhang, fragst du dich?
Nun, in Taiwan hören die Menschen beim
Anblick eines großen gelben Müllwagens
Beethovens "Für Elise"; das ist das Signal,
ihren Müll zum Bordstein zu bringen, damit
er abgeholt wird. Klassische Musik und Müllabfuhr – was für eine
Kombination!

Als Nächstes befassen wir uns mit einem meiner Lieblingsthemen –
Geschichte. Seitdem ich meine Zeitmaschine erfunden habe, macht es
mir so viel Spaß, durch die Zeit zu reisen. Ich habe es sogar geschafft,
meinen Namen "Ronny the Frenchie" auf eine Pyramide in Ägypten zu
stempeln, als diese gerade gebaut wurde!

Kapitel 6: Weltgeschichte

Verlorene Städte, uralte Zivilisationen, erbitterte Schlachten, mächtige Königreiche, skrupellose Könige und Königinnen und Kämpfe für die Freiheit sind nur einige der Faktoren, die die Weltgeschichte zu einem faszinierenden Thema machen, über das man viel lernen kann.

Ich habe meine Zeitreisemaschine benutzt, um in die Vergangenheit zu reisen und einige sehr interessante Menschen zu treffen. Ich lernte mächtige Königreiche kennen, bevor sie fielen und zu vergessenen Ruinen wurden, ich traf berühmte Menschen aus der Vergangenheit und erfuhr mehr über ihre Kämpfe und Errungenschaften. Ich habe die coolsten Fakten von all meinen Reisen zurück in die Vergangenheit für dich zusammengestellt, damit du lernen und staunen kannst.

Altes Ägypten – einige interessante Fakten

Kommt, meine jungen Entdecker und haltet euch an meinem Schwanz fest – lasst uns 5.000 Jahre zurückgehen, um die Anfänge Ägyptens und seine Reise durch die Jahre zu betrachten.

Die Pyramiden

Über 130 Pyramiden wurden bis heute in Ägypten entdeckt. Wusstest du, dass Pyramiden eigentlich riesige Grabstätten für die Pharaonen (Könige) Ägyptens sind? Sie wurden dort mit riesigen Schätzen begraben, die ihre Familien für den Beginn ihres neuen Lebens im Jenseits benötigten.

Ägyptische Arbeiter organisierten Streiks

Du musst wissen, dass der Bau der Pyramiden keine leichte Aufgabe war und die ägyptischen Arbeiter waren dafür bekannt, dass sie gelegentlich Streiks organisierten. Sie kannten ihre Rechte und scheuten sich nicht zu protestieren, wenn sie ungerecht behandelt wurden. Einer der frühesten aufgezeichneten Streiks fand in Ägypten während der Herrschaft von Ramses III. im 12. vorchristlichen Jahrhundert statt.

Das Leben nach dem Tod

Das Leben nach dem Tod war für die Ägypter der nächste Schritt. Sie glaubten, dass ein Mensch nach seinem Tod in die nächste Welt (das Jenseits) übergeht. Deswegen wurden die Toten mumifiziert und ihre Körper und inneren Organe konserviert, damit sie im Jenseits wieder ganz erwachen konnten. Adelige wurden immer mit vielen Schätzen begraben, um sicherzugehen, dass sie genug von allem hatten, wenn sie in die Unterwelt übergingen.

Eine lustige Tatsache - die Pharaonen waren fett

Wissenschaftler, die die Mumien der ägyptischen Pharaonen und Königinnen untersucht haben, glauben, dass die meisten von ihnen übergewichtig waren und an Diabetes erkrankt waren. Es wird angenommen, dass die königliche Ernährung mit Bier, Brot und Honig zur Gewichtszunahme beitrug. Königin Hatschepsut ist ein schönes Beispiel dafür, das Gegenteil der schlanken Figur zu sein, die auf ihrem Sargdeckel abgebildet ist (Small, 2007).

Hast du schon von "Wepet-renpet" gehört?

Nein, das ist nicht der Name einer Feuchttücher-Marke! Wepet-renpet bedeutet eigentlich Neujahr im alten Ägypten. Direkt übersetzt bedeuten die Worte "die Eröffnung des neuen Jahres". Dieses neue Jahr wurde nicht am 1. Januar gefeiert, nein – Wepet-renpet findet jedes Jahr an einem anderen Tag statt. Die alten Ägypter feierten dieses Neujahrsfest gleichzeitig mit der Überschwemmung des Nils. Um den Tag für Wepet-renpet vorherzusagen, beobachteten die Astrologen den Nachthimmel etwa 70 Tage lang, nachdem der hellste Stern am Himmel (Sirius) verschwunden war. Das Wiedererscheinen von Sirius am Himmel sagte voraus, dass der Nil bald überflutet würde und es Zeit war, das Neujahrsfest zu feiern. Das Fest dauerte viele Tage und beinhaltete Tänze, Essen und andere Feierlichkeiten.

Hieroglyphen

Das Alphabet der alten Ägypter wird "Hieroglyphen" genannt. Es bestand nicht aus Buchstaben wie unser Alphabet, sondern aus Bildern oder besser gesagt, aus Symbolen. Es gibt 700 Hieroglyphen, die die alten Ägypter zur Kommunikation verwendeten. Jedes der Symbole hat eine Bedeutung und Archäologen haben gelernt, sie zu lesen.

KURZE FAKTEN

Jean-Francois Champollion war 1822 der erste Archäologe, der die Bedeutung der Hieroglyphen entschlüsselte. Dies gelang ihm nach dem Studium des Steins von Rosette.

Der Stein von Rosette befindet sich im Britischen Museum und ist ein wichtiges Artefakt, um Hieroglyphen lesen zu lernen. Der Stein wurde 1799 n. Chr. von einer französischen Expedition entdeckt. Der Stein stammt aus dem Jahr 196 v. Chr. und ist ein Dekret aus der Zeit von König Ptolemaios V.

Katzen galten als Glücksbringer

Obwohl ich nicht verstehe, warum die alten Ägypter Katzen als heilig ansahen, ist es wahr. Fast jeder Haushalt hatte eine Hauskatze, die wie ein König behandelt wurde, weil man glaubte, die Katze würde Glück bringen.

Natürlich wurden auch Hunde respektiert, wie ich dir in einem früheren Kapitel erzählt habe. Wir galten als Freunde und lebenslange Gefährten, die sogar mumifiziert wurden, um die Reise ins Jenseits mit unseren Herren anzutreten.

Vergessen wir nicht, dass Anubis, der Gott der Unterwelt, oft mit dem Kopf eines Schakals dargestellt wird. Deswegen haben die Menschen ihre Hunde oft mit diesem Gott identifiziert.

Erfindungen

Abgesehen davon, dass sie Katzen für heilig hielten, waren die alten Ägypter sehr klug und sind für folgende Erfindungen verantwortlich, die noch bis heute genutzt werden.

1. Zu den ältesten Schreibgeräten gehören Rohrfedern, die aus geschnittenen Bambus- oder Rohrkolben-Stöcken hergestellt werden.

2. Papyrus genanntes Papier, das aus dem Stängel der Papyrus-Pflanze hergestellt wird – Es wird noch heute produziert.

3. Schlösser und Schlüssel aus Holz, die Stifte im Inneren eines Riegels entriegeln – Sie haben die Form deiner Zahnbürste gehabt.

4. Sonnenuhren wurden zuerst in Ägypten und Babylon erfunden. Die älteste jemals gefundene stammt aus Ägypten und wurde auf 1.500 v. Chr. datiert. Der Obelisk – eine riesige Steinsäule, war die erste Art von Sonnenuhr, die von den Ägyptern gebaut wurde. Sie zeigten die Zeit anhand des Schattens an, den der riesige Felsen warf.

Altes Griechenland

Griechenland war in früheren Zeiten ein wildes Land und nicht der friedliche, idyllische Ort, der es heute ist. Es gab viele erbitterte Schlachten, mächtige Herrscher, die die Welt beherrschten und die Verehrung vieler Götter und Göttinnen, denen die Griechen riesige Denkmäler errichteten. Die Griechen liebten Kunst und Kultur.

Alexander der Große

Alexander der Große wurde 356 v. Chr. geboren und starb 323 v. Chr. im jungen Alter von 32 Jahren. Er war ein mächtiger griechischer Herrscher, der in seiner kurzen Lebensspanne viel erreichte. Alexander III. stammte aus einem Ort namens Makedon in Griechenland. Er ist berühmt für die Eroberung des größten Teils Westasiens und Nordostafrikas und herrschte über eine riesige Armee, die durch viele Länder zog.

Genau wie bei Alexander dem Großen war die Lebenserwartung in Griechenland niedrig. Frauen lebten im Durchschnitt 36 Jahre und Männer 45 Jahre. Wusstest du, dass ein sechsjähriger Hund in Menschenjahren 40 Jahre alt wäre?

137

Die größte Schlacht der griechischen Geschichte ist die Schlacht an den Thermopylen.

Die Griechen kämpften gegen das persische Heer, das nach Schätzungen von Historikern mehr als 300 000 Mann stark gewesen sein könnte. Mit nur 7.000 Soldaten auf ihrer Seite, wurden die Griechen von einem tapferen Anführer namens Leonidas angeführt, der sich trotz zahlenmäßiger Unterlegenheit mit einer kleinen Armee behauptete und über die mächtigen Perser siegte.

Die Griechen verehrten viele Götter und die Götter wiederum herrschten über weniger bedeutende (Halb-)Götter.

Es gab 12 Hauptgötter, die als olympische Götter bekannt waren und von denen man glaubte, dass sie auf dem Olymp lebten.

Die bekanntesten griechischen Götter waren Zeus, das Oberhaupt und Poseidon, der die Meere beherrschte. Hera, die Frau des Zeus und Göttin, herrschte über die Frauen.

Altes Rom

Die römische Zivilisation wurde im 8. Jahrhundert v. Chr. gegründet und wird als das alte Rom bezeichnet. Im 5. Jahrhundert n. Chr. ging das so genannte Weströmische Reich unter. Was als kleine Stadt in der Nähe des Tibers in Italien begann, wurde zu einem mächtigen Imperium, das viele Länder eroberte.

Der historische Trajansmarkt in Rom war ein Einkaufszentrum.

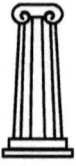

Er wurde zwischen 100 und 110 n. Chr. erbaut und beherbergte Geschäfte und Büros. Es war vermutlich der erste Gebäudekomplex, der einem modernen Einkaufszentrum ähnelte.

Kurzer Fakt

Die Römer glaubten, dass es Unglück bringt, eine Eule zu sehen, aber dass es Glück bringt, eine Biene zu sehen.

Die Römer legten großen Wert auf Bäder und unterhielten sie in speziellen Komplexen.

Ähnlich wie unsere Hallenbäder besuchten die wohlhabenden Bürger Roms ihre römischen Bäder mit einem Bataillon von Sklaven, die ihre Kleidung, Sandalen und Duftöle trugen. Seife benutzten sie jedoch nicht.

Im alten Rom gab es weibliche Gladiatoren.

Das stimmt – es waren nicht nur riesige, muskulöse Männer, die in der Arena kämpften. Es gab auch tapfere Gladiatorinnen, die Gladiatrices oder Gladiatrix genannt wurden (klingt fast wie jemand aus Asterix). Die Kämpferinnen kämpften gegeneinander und manchmal auch gegen Tiere.

Das Reich der Maya

Die alten Maya waren ein mächtiges Königreich. Sie bauten viele große Städte (ungefähr 60) und waren sehr wohlhabend. Sie waren von den meisten anderen Zivilisationen gefürchtet.

Sie lebten in Mesoamerika, das zu den Gebieten um Mittelamerika und Mexiko gehört.

Die Maya waren klug und erfanden viele Dinge.

Intelligente Anbausysteme, das Maya-Kalendersystem, Spiele und Sport sowie Schriftsysteme wie die glyphische Kartusche, die unseren heutigen Wörtern und Satzstrukturen ähneln.

Die Maya zeigten ihren Status durch ihre Liebe zu Hüten.

Je wichtiger die Person war, desto größer war ihr Kopfschmuck.

Die Maya verehrten die Elemente und hatten viele Götter.

Die Maya verehrten Götter wie den Regengott, den Sonnengott, den Gott der Stürme, der Nacht, des Mondes und den Schöpfer des Universums.

Sie hielten auch Truthähne für Götter und verehrten sie. Sie glaubten, dass Truthähne

magische Kräfte besaßen und sie die Maya im Traumzustand verletzen könnten. Aus diesem Grund wurde der Truthahn gefürchtet und respektiert.

Wichtige Fakten über den großen und zerstörerischen Zweiten Weltkrieg

Der verheerendste Krieg in der Geschichte der Menschheit war der Zweite Weltkrieg (WWII). Der Krieg begann am 1. September 1939, dauerte sechs Jahre und endete am 2. September 1945. Hier sind einige Punkte über den Zweiten Weltkrieg, die Sie wissen müssen, da sie prägende und wichtige Ereignisse der Weltgeschichte darstellen. Der Zweite Weltkrieg wurde zwischen den Alliierten und den Achsenmächten ausgetragen.

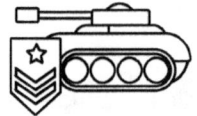

Die Alliierten und die Achsenmächte

Zu den alliierten Mächten gehörten Großbritannien, die USA, Frankreich, die Sowjetunion und China. Deutschland, Italien und Japan hingegen wurden als die Achsenmächte bezeichnet. Deutschland wurde von einem Mann namens Adolf Hitler angeführt.

Tapfere Frauen stellen viele kriegswichtige Dinge her

Da die meisten Männer im Krieg waren und die Länder ihre gesamten Finanzen zur Finanzierung des Krieges einsetzten, wurden

viele Fabriken geschlossen. Einige Fabriken wurden jedoch von mutigen Frauen geführt, die den Platz ihrer Väter, Brüder und Ehemänner einnahmen und viele Kriegswichtige Dinge herstellten – darunter auch Flugzeuge. Bis 1943 wurden fast 310.000 Frauen für die US-Flugzeugindustrie rekrutiert (History.com Editors, 2021).

Fast 60 Millionen Menschen starben in Folge des Zweiten Weltkriegs.

Diese traurige Tatsache erinnert uns alle daran, dass es im Krieg keine Gewinner gibt und das Streben nach friedlichen Lösungen für Probleme immer die beste Taktik ist.

Die Vereinten Nationen, ist eine internationale Organisation mit dem Ziel, den internationalen Frieden zu schützen

Die Vereinten Nationen wurde 1945 nach dem Ende des Zweiten Weltkriegs mit 51 Mitgliedsländern gegründet. Der Zweck der Organisation war die Wahrung des Weltfriedens und der Sicherheit, die Entwicklung freundschaftlicher Beziehungen zwischen den Ländern sowie die Förderung der Menschenrechte, eines höheren Lebensstandards und des sozialen Fortschritts.

Afrikanisch-amerikanische Bürgerrechtsaktivisten in den USA

Die Bürgerrechte, die heute alle Menschen in den USA genießen, wurden durch die unermüdliche Arbeit und die unermüdlichen

Kämpfe bemerkenswerter Menschen erreicht. Diese Menschen waren mutig genug, sich gegen die Diskriminierung der afroamerikanischen Gemeinschaft in der Vergangenheit zu wehren.

Während die Bürger der USA heute unabhängig von ihrer Rasse gleiche Rechte genießen, war das nicht immer so. Die afrikanischen Sklaven, die hart für ihre Freiheit kämpften, wurden stark diskriminiert und hatten innerhalb der Gemeinschaft keine angemessenen Rechte. Es war ein langer und harter Kampf, der von vielen geführt wurde – darunter auch von den unten aufgeführten Personen. Sie sind dafür verantwortlich, dass Sie die Rechte und die Gleichheit in der Gesellschaft erlangt haben, die Sie heute genießen.

W.E.B. Du Bois

W.E.B. Du Bois, ein führender Intellektueller der farbigen Gemeinschaft seiner Zeit, ist der Gründer der NAACP, der National Association for the Advancement of Colored People (Nationale Vereinigung zur Förderung farbiger Menschen). Ziel der 1909 gegründeten Organisation war es, Gleichheit und Gerechtigkeit für die Afroamerikaner in den USA zu erreichen. Du Bois war der Autor mehrerer Bücher, in denen er die Behandlung der schwarzen Gemeinschaft beschrieb. Er war auch dafür verantwortlich, dass die afroamerikanische Gemeinschaft ihr stolzes afrikanisches Erbe trotz der Tatsache, dass sie Bürger der USA sind, annehmen konnte.

Thurgood Marshall

Marshall war der erste schwarze Richter am Obersten Gerichtshof der USA und kämpfte rechtlich gegen die Segregation der afroamerikanischen Gemeinschaft.

Rosa Parks

Diese mutige Frau ist eine Ikone der schwarzen Bürgerrechtsbewegung in den USA. Falls ihr es noch nicht wusstet: Bevor die Bürgerrechte für Afroamerikaner eingeführt wurden, gab es einige sehr merkwürdige Regeln, an die sich die Menschen halten mussten.

Die Sitzplätze in den Bussen waren zum Beispiel getrennt – wobei die ersten Reihen für Weiße und die letzten Reihen für Farbige reserviert waren.

1955 schrieb Rosa Parks in einem Bus in Montgomery, Alabama, Geschichte, als sie sich weigerte, ihren Sitzplatz in der "schwarzen Abteilung" aufzugeben und nach hinten zu gehen – der Fahrer wollte mehr Platz für die Weißen schaffen, da die "weiße Abteilung" voll war. Wenn ich damals mit Rosa zusammen gewesen wäre, hätte ich mich sicher an die Fersen von jedem geheftet, der versuchte, ihr den Platz wegzunehmen.

Rosa war jedoch mutig und hat sich durchgesetzt. Ihre Aktion war der Auslöser für einen sehr erfolgreichen Busboykott durch die Bevölkerung von Montgomery. Um den Bus zu meiden, bildeten die Menschen Fahrgemeinschaften, nahmen Taxis und gingen sogar zu Fuß. Ich bin neben vielen der Menschen auf dem Weg zur Arbeit gelaufen und habe herausgefunden, dass einige von ihnen fast 20 Meilen (32 km) zurückgelegt haben. Aber niemand von ihnen beschwerte sich, weil sie für eine sehr wichtige Sache kämpften.

Weißt du, wer den Boykott in Montgomery organisiert hat? Es war kein anderer als der berühmte Martin Luther King, Jr.!

Die Rassentrennung in Bussen wurde 1956 beendet, als ein Beschluss des Obersten Gerichtshofs erlassen, der das Gesetz für verfassungswidrig erklärte.

*Verfassungswidrig – eine Handlung, die die verfassungsmäßigen Rechte einer Person oder einer Gruppe von Personen verletzt.

WISSENSWERTES

Rosa Parks schrieb 1992 ihre Autobiografie "Rosa Parks, My Story".

Parks erhielt 1996 die Freiheitsmedaille des Präsidenten.

Rosa Parks war die erste Frau, die nach ihrem Tod in der Rotunde – dem zentralen, runden Gebäudeteil des Kapitols der Vereinigten Staaten in Washington, D.C. zu Ehren gelegt. Ihr Sarg wurde zwei Tage lang in der Rotunde zur öffentlichen Besichtigung aufbewahrt. Sie starb 2005 im Alter von 92 Jahren und wurde auf dem Woodlawn-Friedhof in Detroit begraben.

Rosas lebensechte Statue, die vom Kongress in Auftrag gegeben wurde, war die erste Statue einer Afroamerikanerin, die in der Hauptstadt der USA aufgestellt wurde.

Die Rotunde des Kapitols befindet sich unter der Kuppel des Kapitols, dem Komplex, der das physische Herz (Zentrum) von Washington, D.C.,  darstellt.

Kuriose Fakten zur Geschichte

Hier sind einige sehr interessante Leckerbissen aus der Geschichte, die du sicher sehr interessant finden wirst.

Der erste Mensch, der die Welt umsegelte

Der portugiesische Entdecker Ferdinand Magellan unternahm zwischen 1519 und 1522 die allererste Weltumsegelung. Er stach im Auftrag des spanischen Königs in See und machte sich auf die Suche nach einer einfachen Route in den Orient. Von der Südspitze des amerikanischen Kontinents segelte er in Richtung Westen. Die Meerenge an der südlichsten Spitze des südamerikanischen Kontinents wurde von Magellan entdeckt und "Kanal der Allerheiligen" genannt. Obwohl sich der Name im Laufe der Jahre geändert hat, ist der Kanal nach wie vor dem Mann gewidmet, der ihn gefunden hat. Sie wissen vielleicht, dass es sich um die Magellanstraße handelt. Nachdem Magellan das unruhige Wasser der Meerenge durchquert hatte, gelangte sein Schiff auf einen sehr ruhigen Ozean – weißt du, wie er diesen Ozean nannte? Er nannte ihn den Pazifischen Ozean.

Leider starb Magellan, bevor er die gesamte Reise beenden konnte. Es war Juan Sebastian del Cano, der den von Magellan vorgezeichneten Kurs vollendete.

Wikinger waren Trendsetter

Hast du Bilder von starken, wilden Kriegern im Kopf, wenn du an die Wikinger denkst? Nun, das waren sie – aber sie waren auch sehr auf ihr

Image bedacht. Die Männer färbten sich die Haare oft blond, was als die beste Haarfarbe galt. Sie färbten sich sogar die Bärte, benutzten einen Ohrlöffel um sich die Ohren zu reinigen und nahmen angeblich mehr Bäder als die meisten Menschen zu dieser Zeit. Die Wikinger waren Trendsetter – wie die meisten europäischen Gemeinschaften zu dieser Zeit. Ist das nicht eine erstaunliche Tatsache?

Die Entstehung des ersten Zeichentrickfilms der Welt

Ah, Zeichentrickfilme, wie ich sie liebe – besonders Klassiker wie Scooby-Doo. Aber Kinder, wisst ihr, wer den allerersten Zeichentrickfilm geschaffen hat? Es war ein Franzose aus meinem Heimatland namens Emile Cohl. Er schuf den Zeichentrickfilm "Fantasmagorie", der aus 700 Zeichnungen bestand und nur zwei Minuten lang lief. Dennoch war es ein Anfang, und wir alle wissen, wie weit sich die Animation oder der Zeichentrickfilm heute entwickelt hat. Der Kurzfilm wurde am 17. August 1908 veröffentlicht. Und weißt du was? Wenn du auf YouTube nach "Fantasmagorie" suchst, kannst du dir den allerersten Zeichentrickfilm der Welt ansehen!

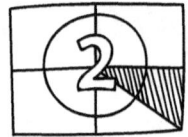

75-200 Millionen Menschen starben in Europa und Nordafrika wegen Ratten.

Klingt schrecklich? Das war es auch. Aber nicht in dem schrecklichen Szenario, das du dir vielleicht gerade vorstellst.

Die Beulenpest, besser bekannt als der Schwarze Tod, ist eine tödliche

Krankheit. Sie wird von Flöhen und Ratten auf den Menschen übertragen. Zwischen 1347 und 1351 starb ein Viertel der europäischen Bevölkerung an der Pest. Der Schwarze Tod war eine der verheerendsten Seuchen, mit denen die Welt konfrontiert wurde und hat den Verlauf der europäischen Geschichte stark beeinflusst.

Ohagura: Schwärzung der Zähne

Im alten Japan der Heian-Periode (794 bis 1185 n. Chr.) färbten sich Frauen die Zähne schwarz, weil sie Weiß als unattraktiv empfanden. Diese Tradition wurde jedoch von der Meiji-Regierung im Jahr 1870 verboten.

Wusstest du, dass König Ludwig XIX. nur 20 Minuten lang König von Frankreich war?

Sein Vater Karl X. musste 1830 aufgrund öffentlicher Proteste auf den Thron verzichten. Aber auch Ludwig XIX. musste aufgrund derselben Proteste kurz nach seinem Amtsantritt abdanken.

Die Ananas war im England des 18. Jahrhunderts ein Statussymbol.

Glaubst du, dass die Oberschicht mit einer Ananas in der Hand herumlief? Nun, einige Leute trugen tatsächlich eine Ananas als Symbol des Wohlstands mit sich herum. Meistens wurden sie aber zur Dekoration in der Mitte des Tisches verwendet, um die Gäste zu beeindrucken. Gegessen wurde sie nicht, denn sie galt als fast heilig. Die Ananas wurden sogar manchmal gemietet, wenn jemand eine Party feierte und seine Gäste beeindrucken wollte.

Kapitel 7: Sport und Freizeit

Die Welt des Sports ist wirklich faszinierend. Wir alle lieben es, unser Lieblingsspiel zu sehen oder zu spielen.

Ich persönlich liebe es, Frisbee oder sogar Fußball mit meinem menschlichen Freund zu spielen – besonders am Strand an einem warmen Sommertag.

Ich liebe auch Baseball, aber eher wegen der kostenlosen Hot Dogs, die ich von den Leuten bekomme. Sie finden, dass ich sehr süß aussehe, wenn ich mit meiner alten Red Sox-Mütze auf dem Kopf dasitze. Ich bin eigentlich kein Fan, aber ein Freund hat mir die Mütze geschenkt und deshalb trage ich sie immer, wenn ich zu den Spielen der Red Sox

gehe. Vielleicht hast du schon von meinem Freund gehört; ich habe Babe Ruth getroffen, als ich das letzte Mal mit meiner Zeitmaschine in die Vergangenheit gereist bin.

Bist du ein Sportfan?

Wenn ja, dann weißt du, wie viel Hingabe nötig ist, um Träume und Ziele in einer bestimmten Sportart zu erreichen. Es ist eine Menge harter Arbeit, die viele Menschen beeindruckt und motiviert den Sport zu verfolgen und selber mitzumachen.

Erinnerst du dich daran, wie aufregend ein Baseballspiel in der Little League sein kann oder wie sehr du deine Freunde anfeuerst, wenn sie auf der Rennbahn laufen?

Nun, das ist der Nervenkitzel des Sports, den wir alle genießen.

Basketball, Fußball und Cricket sind Sportarten, die auf der ganzen Welt von vielen Millionen Fans geliebt werden. Es gibt aber auch weniger bekannte Sportarten und wenn du etwas über sie erfährst, wirst du bestimmt "wow!" sagen.

Faszinierende und verrückte Sportfakten

Olympische Snowboarder

Wusstest du, dass ein Snowboarder, der an den Olympischen Spielen teilnimmt, etwa 14 Meter in die Luft fliegt? Das ist ungefähr so hoch wie ein Gebäude mit vier Stockwerken. Snowboarding ist seit mehr als 20 Jahren Teil der Olympischen Winterspiele. Es ähnelt dem Vert-Skateboarding und findet in einer riesigen Halfpipe mit steilen Wänden statt.

Beim Fußball geht es nur um die Distanz

Ist Cristiano Ronaldo dein Lieblingsfußballer? Ich habe oft versucht, seine coolen Bewegungen nachzuahmen. Hier ist eine coole Tatsache über Fußball, die ich kürzlich erfahren habe: Während eines ganzen Spiels läuft ein Mittelfeldspieler insgesamt etwa 13 Kilometer, aber der Schiedsrichter läuft noch mehr! Wenn du dir also das nächste Mal ein Spiel ansiehst, solltest du den Schiedsrichter im Auge behalten und sehen, wie viel Bewegung er bekommt, wenn er den Spielern hinterherläuft.

LUSTIGER FAKT!

Fußball ist ein mittelalterliches Spiel.

Wenn du nach Großbritannien reisen würdest, würden die Leute dort von "Football" statt von "Soccer" sprechen – obwohl es sich um dieselbe Sportart handelt, nennt man es in den USA Soccer.

Das Wort "Soccer" entwickelte sich aus einem Slangbegriff für Association Football und hat in Großbritannien selbst eine über 100-jährige Geschichte.

Der in Großbritannien verwendete Begriff Association Football, der eine Fußballliga bezeichnet, wurde von den Spielern abgekürzt, die ihn Soccer nannten.

Der Begriff setzte sich in den USA durch und wurde weithin verwendet. Die Briten hingegen hielten ihn für falsch und sagten wieder Football. Aber in den USA blieb der Name Soccer bestehen.

Linkshänder haben vielleicht mehr Glück beim Sport

Beim Baseball, Tennis, Fechten und sogar beim Boxen sind etwa 20-30 % der besten Sportler Linkshänder. Linkshänder im Sport zu sein, ist so etwas wie eine Superkraft, denn während etwa 90 % der Menschen Rechtshänder sind, ist ein

Linkshänder einzigartig und kann seinen ungewöhnlichen Linkshänder Vorteil im Sport nutzen (Ferocious Media, 2019).

Linkshänder zu sein, kann von Vorteil sein, wenn es darum geht, den Ball beim Tennis zurückzuschlagen, beim Baseball zu werfen und sogar bei Kontaktsportarten wie Boxen. Der rechtshändige Gegner wird durch den linksseitigen Schlag oder die linksseitige Rückhand überrumpelt.

Zu den Top-Linkshänder-Sportlern gehören Babe Ruth, Rafael Nadal, Manu Ginobili, Monica Seles, Michael Redd und viele mehr.

Bist du ein Linkshänder und betreibst eine Sportart? Dann nutze deine Superkraft zu deinem Vorteil!

Die älteste Sportart der Welt

Wrestling gilt als eine der ältesten Sportarten und wurde erstmals um 776 v. Chr. in Griechenland ausgeübt.

Schwarze Unterhosen für alle Baseball-Schiedsrichter der Major League

Okay, Kinder, ich muss immer noch darüber lachen, aber es ist wahr. Alle Schiedsrichter bei Spielen der Major League müssen schwarze Unterwäsche tragen. Das ist eine Sicherheitsmaßnahme für den Fall, dass ihre Hosen aufgerissen werden. Schiedsrichter bei Spielen der Major League Baseball genießen den höchsten Respekt und kein Spieler kann sich über die Entscheidung eines Schiedsrichters hinwegsetzen. Um ihnen jede Peinlichkeit zu ersparen, ist es daher Pflicht, schwarze Unterhosen zu tragen.

Die olympische Flagge

Die fünf Ringe auf der olympischen Flagge wurden 1912 von Baron Pierre de Coubertin – dem "Vater der Olympischen Spiele" entworfen. Sie stehen für die fünf Kontinente, aus denen die Athleten kommen, um an den Spielen teilzunehmen.

Wusstest du auch, dass die Farben der Ringe vor dem weißen Hintergrund speziell ausgewählt wurden, um die Farben aller Nationalflaggen zu repräsentieren, die zum Zeitpunkt der Einführung der olympischen Flagge im Jahr 1914 existierten? Nun, so war es!

Michael Phelps hat mehr Goldmedaillen gewonnen als ganze Nationen

Der amerikanische Schwimmer Michael Phelps hat mehr Goldmedaillen gewonnen als ganze Nationen wie Mexiko und Portugal – und das seit 1896. Phelps gewann fünf Goldmedaillen und eine Silbermedaille während seiner erstaunlichen Leistung bei den Olympischen Spielen 2016 in Rio. Seine gesamte olympische Medaillen-Sammlung beläuft sich auf 28, was an sich schon ein Weltrekord ist - kein anderer Sportler hat so viele olympische Medaillen gewonnen.

1956 wurden die Olympischen Spiele in zwei Ländern ausgetragen

Australien war der offizielle Gastgeber der Olympischen Sommerspiele 1956. Als Land, dessen Haupteinnahmequelle die Viehzucht ist, hat Australien jedoch sehr strenge Gesetze zur Quarantäne von Tieren, die ins Land gebracht werden. Dies stellte ein Problem für die Pferdesportveranstaltungen dar. Deswegen wurden diese Veranstaltungen fünf Monate vor den Olympischen Spielen in Stockholm, Schweden, ausgetragen.

Dies ist jedoch nicht das erste Mal, dass so etwas passiert. Im Jahr 1920 wurden die Olympischen Sommerspiele aufgrund des Ersten Weltkriegs sowohl in den Niederlanden als auch in Belgien ausgetragen.

Die einzige Stadt, die dreimal Gastgeber der Olympischen Spiele war

London war dreimal Gastgeber der Olympischen Spiele: 1908, 1948 und 2012. Damit ist London die einzige Stadt der Welt, die dies geschafft hat.

Die Olympischen Spiele von Paris 1900

Die ersten weiblichen Athleten, die an Olympischen Spielen teilnahmen, waren bei den Spielen in Paris im Jahr 1900. Als die Olympischen Spiele 1894 von Coubertin wiederbelebt wurden, nahmen nur männliche Athleten teil. Die allerersten modernen Olympischen Spiele fanden am 6. April 1986 statt.

Wie würde es dir gefallen, an einem Mountainbike-Rennen teilzunehmen – unter Wasser?

Das jährliche North Carolina Underwater Bike Race wird vor dem Beaufort Inlet ausgetragen. Die Rennen finden dort statt, wo durch den

Untergang des Schiffs 'USS Indra' ein Riff entstanden ist. Die Radfahrer können in die Pedale treten, schieben oder ihre Räder über den Meeresboden ziehen, um das Ziel zu erreichen. Motorisierte Fahrräder sind allerdings nicht erlaubt.

TOP-SPORTREKORDE

1. Der längste Golf-Putt (Ein Schlag, bei dem der Ball keine Flugkurve fliegt, sondern lediglich rollt) aller Zeiten war 120 Meter lang. Er wurde von Bret Stanford vom How Ridiculous Club, einem australischen YouTube-Trickshot-Team, erzielt. Der Putt wurde 2017 im Point Water Golf Club in Australien erzielt.

2. Der Weltrekordhalter für die aufeinanderfolgende Liegestütze ist der Japaner Minoru Yoshida. Er hat 1980 insgesamt 10.507 Liegestütze ohne Unterbrechung gemacht.

3. Bill Mosienko aus Kanada stellte den Rekord für den schnellsten Hattrick in der National Hockey League auf, als er drei Tore in nur 21 Sekunden erzielte. Wow, das ist unglaublich! Und wusstest du, dass du dir diese erstaunliche Leistung auf YouTube ansehen kannst? Suchen Sie einfach nach Bill Mosienkos Hattrick.

4. Ben Smith hält den Rekord für die meisten Marathonläufe hintereinander. Er lief insgesamt 401 Marathons in 401 Tagen! Ich wäre gerne mit ihm gelaufen, Kinder!

Der längste Boxkampf aller Zeiten

Kannst du erraten, wie lange dieser rekordverdächtige Kampf gedauert hat? Sage und schreibe 110 Runden, die mehr als sieben Stunden dauerten. Der Kampf fand im Jahr 1893 zwischen Jack Burke und Andy Bowen statt.

Wer hat gewonnen? Keiner, denn der Ringrichter brach den Kampf ab und erklärte ihn für unglütig. Beide Boxer waren erschöpft, die meisten Zuschauer waren eingeschlafen und Andy Bowen hatte am Ende mehrere Brüche in seinen Händen.

WELCHEN SPORT HAT ABRAHAM LINCOLN BETRIEBEN?

Wrestling! Richtig, Abe Lincoln war ein sehr guter Ringer, der nur selten einen Kampf verlor. In seiner Jugend hat er etwa 10 Jahre lang geboxt.

Der ehemalige Präsident war in seiner Jugend ein sehr guter Sportler.

Seine Leistungen im Ringen wurden 1992 von der Wrestling Hall of Fame gewürdigt und er wurde als "Outstanding American" im Ringen anerkannt.

KURZES SPORTQUIZ

Hier ist ein kurzes Quiz, mit dem ich dein Wissen über Sport testen möchte. Gib dir einen Punkt für jede richtige Antwort. Die Antworten stehen auf der nächsten Seite, also nicht schummeln!

1. Rückenschwimmen, Kraulen und Brustschwimmen sind Methoden in welcher Sportart?

2. Was bedeutet "NBA"?

3. Wie lang ist ein Marathon?

4. Was war die erste Sportart, die auf dem Mond gespielt wurde?

5. Durch welche Sportart wurde die Legende Mohammed Ali berühmt?

6. In welcher Sportart wird der Begriff "Love" als Angabe für eine Punktzahl verwendet?

7. Welcher Spielzug wurde zwischen 1967 und 1976 im Basketball verboten?

8. Wie heißt das einzige Land, das an allen Spielen der Fußball-Weltmeisterschaft teilgenommen hat?

9. Welches Team hat im Super Bowl die meisten Punkte in der Geschichte der NFL erzielt?

10. In welchem Jahr nahmen zum ersten Mal Frauen an den Olympischen Spielen teil und in welchen Sportarten waren sie aktiv?

SPORT-QUIZ-ANTWORTEN

1. Rückenschwimmen, Kraulen und Brustschwimmen sind Methoden in welcher Sportart?

Schwimmen

2. **Was bedeutet "NBA"?**

Nationale Basketball Vereinigung

3. **Wie lang ist ein Marathon?**

42,195km

4. **Was war die erste Sportart, die auf dem Mond gespielt wurde?**

Golf. Der NASA-Astronaut Alan Shepard nahm einige Golfschläger und Bälle mit, als er am 6. Februar 1971 an Bord der Apollo 14 ins All startete. Auf dem Mond angekommen, spielte er eine schnelle (und erste) Partie Golf.

5. **Durch welche Sportart wurde die Legende Mohammed Ali berühmt?**

Boxen

6. **In welcher Sportart wird der Begriff "Love" als Angabe für eine Punktzahl verwendet?**

Tennis

7. Welcher Spielzug wurde zwischen 1967 und 1976 im Basketball verboten?

Der Slam Dunk

8. Wie heißt das einzige Land, das an allen Spielen der Fußball-Weltmeisterschaft teilgenommen hat?

Brasilien

9. Welches Team hat im Super Bowl die meisten Punkte in der Geschichte der NFL erzielt?

Die San Francisco 49ers, als sie den Super Bowl XXIX gewannen

BRASILIEN

10. In welchem Jahr nahmen zum ersten Mal Frauen an den Olympischen Spielen teil und in welchen Sportarten waren sie aktiv?

Im Jahr 1900 nahmen zum ersten mal Frauen an den Olympischen Spielen teil. Unter den 997 teilnehmenden Athleten waren 22 Frauen, die in den Disziplinen Tennis, Golf, Krocket, Reiten und Segeln angetreten waren.

Kapitel 8: Technische Wunderwerke

Wunderbare Konstruktionen und verblüffende Bauwerke, die der Mensch geschaffen hat, machen unsere Welt umso interessanter.

Seit Tausenden von Jahren hat die Menschheit Türme, Burgen, Festungen, Schreine und vieles mehr gebaut, die dem Test der Zeit standgehalten haben.

Wie beeindruckend sind die Pyramiden in Ägypten?

Was ist mit der Großen Mauer von China?

Was du auf diesem Bild siehst, ist der Eiffelturm in Paris.

Wie Sie sich vielleicht erinnern, wurde ich dort in Ronny der Superhund verwandelt. Ich genieße es, den Turm zu besuchen und unter den glücklichen Touristen zu sein, die das große Monument erkunden. Warst du schon einmal in Paris? Du solltest deine Eltern bitten, dich in deinem

nächsten Urlaub dorthin mitzunehmen – vielleicht treffen wir uns ja und teilen uns ein Croissant!

All diese Bauwerke wurden von erfahrenen Ingenieuren entworfen und es dauerte viele Jahre, sie zu errichten. Die Wunder der Ingenieurskunst beschränken sich nicht nur auf Gebäude. Der Bau von tausenden von Kilometern an Eisenbahnstrecken, Türmen und Kabeln, die die ganze Welt miteinander verbinden und sogar von Menschenhand geschaffene Strände, gehören dazu. Im Folgenden werden wir einige der beeindruckendsten Bauwerke der Welt erkunden.

Historische technische Wunderwerke

Der Panamakanal

Der Panamakanal wurde im Jahr 1914 eröffnet. Er ist ein 82 Kilometer langer Kanal, der den Pazifischen und den Atlantischen Ozean miteinander verbindet. Mit der Eröffnung des Kanals erhielt der internationale Handel einen enormen Auftrieb, da die Schiffe nun einen kürzeren Weg vom Pazifik zum Atlantik und umgekehrt hatten.

Sechsundfünfzigtausend Arbeiter schufteten für den Bau des Kanals, der sich durch einen dichten Dschungel schlängelte. Leider starben 10 % der Arbeiter während der Arbeiten an dem Kanal an Erschöpfung und Krankheiten. Die Menge an Erde, die für den Bau des Kanals ausgehoben wurde, soll ausgereicht haben, um die gesamte Insel Manhattan zu bedecken.

Die Golden Gate Bridge

Die Golden Gate Bridge wurde 1937 eröffnet und war in den ersten 27 Jahren die längste Hängebrücke der Welt. Die Brücke erstreckt sich über 2,7 Kilometer über den Kanal, der den Pazifischen Ozean mit der Bucht von San Francisco verbindet.

Wusstest du, dass die Brücke trotz ihres Namens "Golden Gate Bridge" eigentlich orangefarben ist?

Der Unterseeische Kanaltunnel (Eurotunnel)

Ich bin von meiner Heimatstadt in Frankreich durch den Eurotunnel gereist, um die London Bridge in England zu sehen. Der Tunnel ist eine der besten Schöpfungen moderner Ingenieure und verbindet den europäischen Kontinent mit der britischen Insel.

Sechs Jahre dauerte der Bau des Tunnels, der 1994 eröffnet wurde. Er ist 50 Kilometer lang und erstreckt sich über den Ärmelkanal, der die beiden Landmassen miteinander verbindet. 37 Kilometer davon verlaufen 46 Meter unterhalb des Meeresbodens, um Autos, Busse, Frachtfahrzeuge und sogar Züge zu transportieren. Dank des Tunnels kann ich in nur zweieinhalb Stunden von London zu meinem Haus in Paris gelangen. Dazu muss ich nur in den superschnellen Eurostar-Zug steigen. Natürlich kann man auch mit dem Auto durch den Tunnel fahren.

Die Internationale Raumstation

Eine der größten Errungenschaften der Menschheit,
die Internationale Raumstation (ISS), ist etwa so
groß wie ein amerikanisches Fußballfeld. Sie wiegt
gigantische 420.000 Kilogramm und ermöglicht es
Wissenschaftlern, viel über den Weltraum zu lernen,
indem sie dort leben und arbeiten.

Die ISS umkreist die Erde alle 90 Minuten und bewegt sich dabei
mit einer Geschwindigkeit von 28.000 Kilometern pro Stunde. Die
ISS erbringt zahlreiche Dienstleistungen. Unter anderem hilft sie der
NASA, mehr über den Weltraum zu erfahren und unterstützt sie bei der
Erforschung des Mars. Die Forscher an Bord der ISS suchen auch nach
Heilmitteln für Krankheiten.

Die Freiheitsstatue

Die Freiheitsstatue wurde den USA 1886 von den
Franzosen geschenkt. Das Geschenk war ein Akt
der Freundschaft und wurde sehr geschätzt.
Die majestätische, 46 Meter hohe Statue war
beeindruckend und schön - und ist es immer
noch. Ein französischer Bildhauer aus Paris,
Frederic-Auguste   Bartholdi,   fertigte   die
Haut der Statue aus großen Kupferplatten in
Frankreich an. Sie wurde dann in 200 Kisten
nach New York geschickt. Wusstest du, dass
die Statue heute aufgrund der Oxidation der
Kupferplatten eine grüne Farbe hat?!

HÖCHSTER VON MENSCHEN GEMACHTER WASSERFALL

Wusstest du, dass sich einer der größten von Menschenhand geschaffenen Wasserfälle der Welt in China befindet?

Er befindet sich nicht in einem Park oder in einem tropischen Wald. Oh nein, dieser riesige Wasserfall befindet sich im Liebian International Building in der Provinz Guizhou.

Der Wasserfall wird durch den Einsatz riesiger Pumpen erzeugt, die das in riesigen Tanks gespeicherte Wasser in Bewegung setzen.

Das Wasser wird an die Spitze des Gebäudes gepumpt, wo es 121 Meter in die Tiefe stürzt und einen beeindruckenden Wasserfall bildet.

Der Burj Khalifa

Ab 2022 ist es das höchste Gebäude der Welt. Der Burj Khalifa befindet sich in Dubai – einer Stadt im Nahen Osten, die für ihre architektonischen Wunderwerke bekannt ist. Der Turm befindet sich in Downtown Dubai und beherbergt auch eine der höchsten Moschee-Aussichtsplattformen- und sogar einen der größten Springbrunnen der Welt.

Die Chinesische Mauer

Sie ist eines der großen Weltwunder und sicherlich eine der größten Ingenieurleistungen, die der Mensch vollbracht hat. Es dauerte mehr als 2.000 Jahre, bis die Große Mauer fertiggestellt war, denn sie wurde immer wieder in verschiedenen Bereichen erweitert.

Zum Schutz der Seidenstraße wurde sie nach Westen und dann bis zum Yumen-Pass verlängert, was fast 400 Jahre dauerte.

Den größten Fortschritt machte die Mauer im 14. Jahrhundert, als China unter der Herrschaft der Ming-Dynastie stand. Ziegel und Stein wurden verwendet, um die Mauer stabiler zu machen, denn der Hauptzweck ihres Baus war der Schutz Chinas vor Invasionen der Mongolen.

Die Mauer erstreckt sich über eine Länge von 21.197 Kilometern und enthält Wachtürme, Brücken und sogar Pagoden. Sie durchquert 15 Provinzen und ist eine der Hauptattraktionen Chinas.

Hast du die Chinesische Mauer schon einmal besucht?

Schlusswort

Okay, Kinder, das ist das vorläufige Ende unserer Reise, aber ich verspreche euch, dass ich noch haufenweise weitere Fakten mit euch teilen werde. Achtet auf mein nächstes großes Buch und begleitet mich, Ronny den Frenchie, auf weiteren Abenteuern rund um die Welt.

Aber erst einmal möchte ich euch dafür danken, dass ihr so gute Schüler seid! ich verleihe euch das Drei-Sterne-Abzeichen, das ich allen meinen Lesern gebe.

Willkommen im Ronny Fact-Finding Club! Du bist jetzt ein offizielles Mitglied. Ich hoffe, mein Buch hat dich dazu inspiriert, mehr über unseren wunderbaren Planeten zu erfahren und selbst Entdeckungen zu machen.

Erforsche so viel, wie du kannst. Fang in deinem Garten und im Park an – du wirst überrascht sein, welche erstaunlichen Entdeckungen du dort machen kannst. Insekten, Pflanzen, Tiere und so vieles mehr warten nur darauf, entdeckt zu werden.

Denkt immer daran – Wissen ist Macht. Hört nie auf zu lernen und glaubt immer an euch selbst. Wir sehen uns bei meinem nächsten Abenteuer!

Habt einen wundervollen Tag!

Referenzen

The absence of the concept of zero in Roman numerals system. (n.d.). Roman Numerals https://www.romannumerals.org/blog/the-absence-of-the-concept-of-zero-in-roman-numerals-system-8

Adebowale, T. (2021, August 25). *The best 61 sports facts for kids*. Kidadl. https://kidadl.com/articles/best-sports-facts-for-kids

Afzal, A. (2010, May 9). *What is a baker's dozen and how did the phrase originate?* The Times of India. https://timesofindia.indiatimes.com/what-is-a-bakers-dozen-and-how-did-the-phrase-originate/articleshow/5908384.cms

Alem. (n.d.). *7 weird animal facts that you didn't know*. The Pet Express. https://www.thepetexpress.co.uk/blog/general-interest/7-weird-animal-facts-that-you-didnt-know/

All About Frogs. (n.d.). Burke Museum. https://www.burkemuseum.org/collections-and-research/biology/herpetology/all-about-amphibians/all-about-frogs

Ancient Egyptian Inventions. (n.d.). https://www.clark-shawnee.k12.oh.us/userfiles/98/Classes/4758/ancienct%20egypt%20inventions.pdf?id=11293

Andrews, E. (2020, January 30). *11 things you may not know about Ancient Egypt*. History. https://www.history.com/news/11-things-you-may-not-know-about-ancient-egypt

Apodyterium. (n.d.). PBS. https://www.pbs.org/wgbh/nova/lostempires/roman/apodyterium.html

Ask Smithsonian. (2020, April 1). *Is it true that elephants can't jump?* Smithsonian Tween Tribune. https://www.tweentribune.com/article/tween78/it-true-elephants-cant-jump/

Auckland, G. & Gorst, M. (n.d.). *There is no zero in Roman numerals. Who invented zero, and when?* The Guardian. https://www.theguardian.com/notesandqueries/query/0,5753,-1358,00.html

Bath, G. (2020, August 23). *Tilly Smith was taught about tsunamis in her geography class. What she learnt saved 100 lives*. Mamamia. https://www.mamamia.com.au/tilly-smith-tsunami/

Beasely, J. (2021, August 11). *The 7 wonders of the engineering world*. Institution of Civil Engineers (ICE). https://www.ice.org.uk/news-and-insight/ice-community-blog/august-2021/wonders-of-engineering-world

Best nature videos for kids. (n.d.). Easy Science for Kids. https://easyscienceforkids.com/best-nature-videos-for-kids/

Biancolin, B. (2018, November 26). *25 seriously weird things we can actually buy in Japan's vending machines*. TheTravel. https://www.thetravel.com/weird-things-we-can-actually-buy-in-japans-vending-machines/

Bindschadler, R. (2005, June 27). *Why is the South Pole colder than the North Pole?* Scientific American. https://www.scientificamerican.com/article/why-is-the-south-pole-col/

Blakemore, E. (2018, November 20). *Turkeys were once worshipped like gods*. History. https://www.history.com/news/turkey-worship-maya

Bond, H. (2021, April 28). *50 best frog puns and jokes that are toad-ally funny*. Kidadl. https://kidadl.com/articles/best-frog-puns-and-jokes-that-are-toad-ally-funny

A brief history of reed pens. Find out how to make your own. (2017, September 1). Paper Stone Blog. https://www.paperstone.co.uk/News/2017/history-reed-pens

BRINK Editorial Staff. (2014, December 30). *More people have cell phones than toilets*. BRINK News. https://www.brinknews.com/more-people-have-cell-phones-than-toilets/

British Museum Blog. (2021, February 26). *Top 10 historical board games*. The British Museum. https://blog.britishmuseum.org/top-10-historical-board-games/

Brnakova, J. (2021, January 22). *12 cool facts about South America for all ages*. Kiwi.com. https://www.kiwi.com/stories/12-cool-facts-south-america-for-all-ages/

Buckley, S. (2022, February). *Fiber will (mostly) dominate broadband in 2022*. Broadband Communities. https://www.bbcmag.com/community-broadband/fiber-will-mostly-dominate-broadband-in-2022

Burke, A. (2022, April 25). *Do dogs sweat? You may be surprised by the answer*. American Kennel Club. https://www.akc.org/expert-advice/health/do-dogs-sweat/

Buzz Staff. (2021, February 16). *Did you know that a pie chart is called "Camembert" in France and "flatbread chart" in China?* News18. https://www.news18.com/news/buzz/did-you-know-that-a-pie-chart-is-called-camembert-in-france-and-flatbread-chart-in-china-3439967.html

Cahn, Lauren. (2022, May 31). *The 18 smartest dog breeds*. Reader's Digest. https://www.rd.com/list/smartest-dog-breeds/

Can certain snails really sleep for 3 years? (2019, July 19). A-Z Pet Vet. https://www.azpetvet.com/can-certain-snails-really-sleep-for-3-years/

Capitol rotunda. (n.d.). Architect of the Capitol. https://www.aoc.gov/explore-capitol-campus/buildings-grounds/capitol-building/rotunda

Carey. (2016, May 4). *Things they do differently in Paraguay*. Our Nomadic Experience. http://ournomadicexperience.com/things-differently-paraguay/

Cell phone facts for kids. (n.d.). Facts Just for Kids. https://www.factsjustforkids.com/technology-facts/cell-phone-facts-for-kids/

Chantel, J. (2022, June 15). *Smartphone history: Looking back (and ahead) at a modern marvel*. Textedly. https://blog.textedly.com/smartphone-history-when-weresmartphones-invented

Chinese firm to recycle "panda poo" into tissue paper. (2017, December 20). BBC News. https://www.bbc.com/news/42422216

Chirag. (2020, November 12). *Did you know the heart of a shrimp is in their head?* Chirag's Blog. https://chiragsoccer.wordpress.com/2020/11/12/did-you-know-the-heart-of-a-shrimp-is-in-their-head/

CH 103—Chapter 7: Chemical reactions in biological system. (n.d.). Western Oregon University. https://wou.edu/chemistry/courses/online-chemistry-textbooks/ch103-allied-health-chemistry/ch103-chapter-6-introduction-to-organic-chemistry-and-biological-molecules/

Cocoa's history. (n.d.). Cacao México. https://cacaomexico.org/?page_id=70&lang=en

Culture facts for kids. (2022, April 9). Kiddle. https://kids.kiddle.co/Culture

Curran, A. (2020, November 16). *Why do airplanes avoid flying over the Himalayas?* Simple Flying. https://simpleflying.com/why-do-airplanes-avoid-flying-over-the-himalayas/

Darwin's Frog. (2021, February 16). A-Z Animals. https://a-z-animals.com/animals/darwins-frog/

Debunking owl myths. (n.d.). International Owl Center. https://www.internationalowlcenter.org/mythsandfaq.html

Diakite, P. (2019, July 31). *Here are the most popular tribes in Africa.* Travel Noire. https://travelnoire.com/here-are-the-most-popular-tribes-in-africa

Dickerson, K. (2015, June 3). *Mount Everest isn't the Earth's tallest mountain.* Business Insider. https://www.businessinsider.com/earths-tallest-mountain-is-hawaii-2015-6

Dobrijevic, D.. (2022, January 21). *How Hot Is the Sun?* Space.com. https://www.space.com/17137-how-hot-is-the-sun.html

Dotson, J.D. (2018, November 14). *Definition of tectonic plates for kids.* Sciencing. https://sciencing.com/definition-tectonic-plates-kids-8509085.html

Dousdebes, F. (2016, August 29). *20 fun facts about the Galapagos Islands.* Metropolitan Touring. https://www.metropolitan-touring.com/facts-galapagos/

Do volcanoes occur in the ocean? (2021, February 26). NOAA. https://oceanservice.noaa.gov/facts/volcanoes.html

Dubey, N. (2021, January 10). *When Steve Jobs unleashed the iPhone: 10 amazing facts from the 2007 launch.* The Indian Express. https://indianexpress.com/article/technology/mobile-tabs/when-steve-jobs-unleashed-the-iphone-10-amazing-facts-from-the-2007-launch-7140916/

Ducksters. (2022). *Physics for kids: Nuclear energy and fission.* Ducksters. https://www.ducksters.com/science/physics/nuclear_energy_and_fission.php

Duncan, E. & Dally, T. (2021, September 23). *As autumn approaches here's why we see more spiders in our houses and why wasps are desperate for sugar.* The Conversation. https://theconversation.com/as-autumn-approaches-heres-why-we-see-more-spiders-in-our-houses-and-why-wasps-are-desperate-for-sugar-167593

Eatner, J. (2014). *Obelus.* A Maths Dictionary for Kids. http://www.amathsdictionaryforkids.com/qr/o/obelus.html

Echarri, M. (2021, March 15). *Were the Vikings fashion trendsetters of the Medieval age?* EL PAÍS English Edition. https://english.elpais.com/usa/2021-03-15/were-the-vikings-fashion-trendsetters-of-the-medieval-age.html

The Editors of the Encyclopedia Britannica. (n.d.). *Black death key facts.* Britannica. https://www.britannica.com/summary/Black-Death-Key-Facts

The Editors of Encyclopedia Britannica. (2018b). *Black Death | Causes, Facts, and Consequences.* Britannica. https://www.britannica.com/event/Black-Death

The Editors of Encyclopedia Britannica. (2022, March 25). *Great Barrier Reef | Geography, Ecology, Threats, & Facts.* Britannica. https://www.britannica.com/place/Great-Barrier-Reef

The Editors of Encyclopaedia Britannica. (2019). *Roman Numeral | Chart & Facts.* Britannica. https://www.britannica.com/topic/Roman-numeral

Egypt Today Staff. (2020, September 27). *How did Champollion decipher the hieroglyphs on the Rosetta Stone?* Egypt Today. https://www.egypttoday.com/Article/4/92430/How-did-Champollion-decipher-the-hieroglyphs-on-the-Rosetta-Stone

85% of plant life is found in the ocean. (2018, June 10). Did You Know Stuff. http://didyouknowstuff.com/85-of-plant-life-is-found-in-the-ocean

Erickson, K. (2022, June 22). *How long is one day on other planets?* NASA Science Space Place. https://spaceplace.nasa.gov/days/en/

Eveleth, R. (2013, May 17). *Two-thirds of the world still hates lefties.* Smithsonian Magazine. https://www.smithsonianmag.com/smart-news/two-thirds-of-the-world-still-hates-lefties-64727388/

Fantasmagorie, the world's first fully animated cartoon, was released on Aug 17, 1908: Watch it here. (2017, August 18). India Today. https://www.indiatoday.in/education-today/gk-current-affairs/story/fantasmagorie-first-animated-film-1030219-2017-08-18

15 facts about the human body! (n.d.). National Geographic Kids. https://www.natgeokids.com/uk/discover/science/general-science/15-facts-about-the-human-body/

15 things you didn't know about Dr. Livingstone. (2014, October 26). Sun International. https://www.suninternational.com/stories/travel/15-things-you-didnt-know-about-dr-Livingstone/

Facts & figures. (2022). The Empire State Building. https://www.esbnyc.com/about/facts-figures

Ferocious Media. (2019, August 13). *Why left-handed athletes have the upper hand in one-on-one sports.* Orthopaedic Specialty Group, P.C. https://www.osgpc.com/left-handed-athletes-in-sports/

Finch, R. (2022, January 14). *How many noses does a slug have?* Pests Banned. https://www.pestsbanned.com/snails/how-many-noses-does-a-slug-have/

Finley, K. (2016, April 27). *Hey, Nokia isn't just a company that used to make phones.* Wired. https://www.wired.com/2016/04/hey-nokia-isnt-just-company-used-make-phones/

Fire whirl. (n.d.). SKYbrary. https://skybrary.aero/articles/fire-whirl

The first circumnavigation of the globe. (2020, February 26). Library of Congress.

https://www.loc.gov/rr/hispanic/portam/first.html

Fischer, S. (2012, November 14). *What lives in your belly button? Study finds "rain forest" of species.* National Geographic. https://www.nationalgeographic.com/science/article/121114-belly-button-bacteria-science-health-dunn

Fodor's Editor. (2010, October 27). *10 things to know when visiting Greece.* Fodor's Travel Guide. https://www.fodors.com/news/customs-and-eti-5-4139

Fourtané, S. (2018, September 18). *Galapagos islands: Muse of Darwin's theory of evolution.* Interesting Engineering. https://interestingengineering.com/galapagos-islands-muse-of-darwins-theory-of-evolution

Frietmuseum. (n.d.). Friet Museum. http://frietmuseum.be/en/home-en/

Frost, N. (2017, August 11). *Did mooncakes help the Chinese overthrow the Mongols?* Atlas Obscura. https://www.atlasobscura.com/articles/mooncakes-china-mongols-manchu-metaphor-uprising

Gallo, N. (2021, October 29). *10 fun facts about Antarctica.* Aurora Expeditions. https://www.aurora-expeditions.com/blog/10-fun-facts-about-antarctica/

George, A. (2018, April 11). *The sad, sad story of Laika, the space dog, and her one-way trip into orbit.* Smithsonian Magazine. https://www.smithsonianmag.com/smithsonian-institution/sad-story-laika-space-dog-and-her-one-way-trip-orbit-1-180968728/

Giddens, S. (2020, October 13). *Flatulence: Everything you wanted to know about farting.* Houston Methodist. https://www.houstonmethodist.org/blog/articles/2020/oct/flatulence-everything-you-wanted-to-know-about-farting/

Glass, A. (2007, October 30). *Rosa Parks mourned at Capitol, Oct. 30, 2005.* Politico. https://www.politico.com/story/2017/10/30/rosa-parks-honored-at-us-capitol-oct-30-2005-244294

Goodwins, R. (2006, November 17). *Muscle means "little mouse" in Latin.* ZDNet. https://www.zdnet.com/article/muscle-means-little-mouse-in-latin/

Grabianowski, E. (n.d.). *How many skin cells do you shed every day?* HowStuffWorks. https://health.howstuffworks.com/skin-care/information/anatomy/shed-skin-cells.htm

The Greek gods: Full list and background. (2020, October 31). Greek Travel Tellers. https://greektraveltellers.com/blog/the-greek-gods

Griffin, E.C., Dorst, J.P. & Minkel, C.W. (n.d.). *South America.* Britannica. https://www.britannica.com/place/South-America

Griffiths, J. (2022, February 15). *How long is the Great Wall of China and why was it built?* The Sun. https://www.thesun.co.uk/travel/2711342/great-wall-china/

Guajardo, M, Meister, C., Bunning, M., Warren, L., & Dekevich, C. (n.d.). *Strawberries.* Food Source Information. https://fsi.colostate.edu/strawberries/

Guess which country has built the world's tallest man-made waterfall? (2018, August 1). South China Morning Post. https://www.scmp.com/magazines/style/news-trends/article/2157574/guess-which-country-has-built-worlds-tallest-man-made

Harper, W.L. (2012, May). *Isaac Newton's scientific*

method: turning data into evidence about gravity and cosmology. University Press Scholarship Online. https://oxford.universitypressscholarship.com/view/10.1093/acprof:oso/9780199570409.001.0001/acprof-9780199570409

Hayes, D. (2017, May 31). *Average U.S. household now has 7 screens, report finds.* Fierce Video. https://www.fiercevideo.com/cable/average-u-s-household-now-has-seven-screens-reportlinker-finds

Hickey, W. (2012, July 22). *20 mathematicians who changed the world.* Business Insider. https://www.businessinsider.com/important-mathematicians-modern-world-2012-7#james-maxwell-the-first-color-photographer-2

History of key—who invented keys? (2022). History of Keys. http://www.historyofkeys.com/keys-history/history-of-keys/

History.com Editors. (2021, October 12). *Rosie the Riveter.* History. https://www.history.com/topics/world-war-ii/rosie-the-riveter

History.com Editors. (2021, November 30). *Ford's assembly line starts rolling.* History. https://www.history.com/this-day-in-history/fords-assembly-line-starts-rolling

History of the UN. (2015). United Nations. https://www.un.org/un70/en/content/history/index.html

Hofmeyr, A. (2018, December 30). *African culture, tribes & traditions (and our top pick of cultural tours in Africa).* African Budget Safaris. https://www.africanbudgetsafaris.com/blog/african-tribes-african-culture-and-african-traditions/

Holi. (n.d.). Society for the Confluence of Festivals in India. https://www.holifestival.org

Holi 2021 date and time: Why two different Holi dates in India. (2021, March 18). India Today. https://www.indiatoday.in/information/story/holi-2021-date-and-time-why-two-different-holi-dates-in-india-1780777-2021-03-18

Hot spots. (n.d.). National Geographic Society. https://www.nationalgeographic.org/encyclopedia/hot-spots/

Hottest countries in the world 2022. (n.d.). World Population Review. https://worldpopulationreview.com/country-rankings/hottest-countries-in-the-world

How big is the magma chamber under Yellowstone? (n.d.). US Geological Survey. https://www.usgs.gov/faqs/how-big-magma-chamber-under-yellowstone

How does an underwater volcano form? (n.d.). Deutsche Welle. https://www.dw.com/en/how-does-an-underwater-volcano-form/a-60453856

How fast can neurons transmit through your body for the nervous system to function? (n.d). UCSB ScienceLine. http://scienceline.ucsb.edu/getkey.php?key=5607

How hot is lightning? (n.d.). National Weather Service. https://www.weather.gov/safety/lightning-temperature

How many satellites are there in space? (2022, February 22). Surveying Group News. https://surveyinggroup.com/how-many-satellites-are-there-in-space-2022/

Howard, B. C. (2014, January 30). *Stunning Electric-Blue Flames Erupt From Volcanoes.* National Geographic. https://www.nationalgeographic.com/science/

article/140130-kawah-ijen-blue-flame-volcanoes-sulfur-indonesia-pictures

The human brain. (2022, June 24). Rehabilitation Info Portal. http://www.rehabchicago.org/the-human-brain/

Human body trivia. (n.d.). Fizzics Education. https://www.fizzicseducation.com.au/trivia/science-trivia-on-the-human-body/

Hunt, A. (2020, January 30). *20 intriguing facts about New Zealand that you probably didn't know: illustrated.* Silver Fern Holidays. https://www.silverfernholidays.com/blog/20-intriguing-facts-new-zealand/

Hurst, H.E. & Smith, C.G. (2019). *Nile River.* Britannica. https://www.britannica.com/place/Nile-River

Is a "jiffy" a real unit of measurement? (with picture). (2022, May 18). WiseGEEK. https://www.wisegeek.com/is-a-jiffy-a-real-unit-of-measurement.htm

James, R. (n.d.). *Why can't helicopters land on Mount Everest—Yet?* Pilot Teacher. https://pilotteacher.com/why-cant-helicopters-land-on-mount-everest-yet/

Joe. (n.d.). *How many sheep are in New Zealand.* RaisingSheep.net. https://www.raisingsheep.net/how-many-sheep-are-in-new-zealand

Jozuka, E. (2016, September 22). *Aboriginal Australians are Earth's oldest civilization: DNA study.* CNN. https://edition.cnn.com/2016/09/22/asia/indigenous-australians-earths-oldest-civilization/index.html

J. Robert Oppenheimer. (n.d.). Atomic Heritage Foundation. https://www.atomicheritage.org/profile/j-robert-oppenheimer

July 20, 1969: one giant leap for mankind. (2019, July 20). NASA. https://www.nasa.gov/mission_pages/apollo/apollo11.html

Jung, A., Jones, M., & Taubenfeld, E. (2022, June 13). *30 fun facts about dogs.* Reader's Digest. https://www.rd.com/list/dog-facts-you-didnt-know/

Juraschka, R. (2021, September 23). *101 silly math jokes and puns to make students laugh like crazy.* Prodigy. https://www.prodigygame.com/main-en/blog/math-jokes/

Kaddour, N. (2020, May 20). *African tribal make-up: what's behind the face paint?* Al Arabiya News. https://english.alarabiya.net/life-style/fashion-and-beauty/2016/11/26/African-tribal-make-up-What-s-behind-the-face-paint

Kangaroos. (2019, January 14). *Australia's beloved kangaroos are now controversial pests.* National Geographic. https://www.nationalgeographic.com/magazine/article/australia-kangaroo-beloved-symbol-becomes-pest

Kelly, R. (2020, January). *Best left-handed athletes of all time.* Stadium Talk. https://www.stadiumtalk.com/s/best-left-handed-athletes-49fb6ddc95a043c3

Kidadl Team. (2022, May 3). *60+ great stem quotes for science-loving kids.* Kidadl. https://kidadl.com/quotes/great-stem-quotes-for-science-loving-kids

Kim, S.E. (2021, December 20). *Cultivating the world's largest, stinkiest flower is no small task.* National Geographic. https://www.nationalgeographic.com/environment/article/cultivating-the-worlds-largest-stinkiest-flower-is-no-small-task

Klein, A. (2021, August 30). *7 strange German superstitions and cultural beliefs.* LearnOutLive. https://learnoutlive.com/german-superstitions-cultural-beliefs/

Klein, C. (n.d.). *10 world engineering marvels.* History. https://www.history.com/news/10-world-engineering-marvels

Kolirin, L. (2022, January 26). *Meet 190-year-old Jonathan, the world's oldest-ever tortoise.* CNN. https://edition.cnn.com/travel/article/oldest-tortoise-jonathan-scli-intl-scn/index.html

Kõljalg, S., Mändar, R., Sõber, T., Rööp, T., & Mändar, R. (2017). *High level bacterial contamination of secondary school students' mobile phones.* National Library of Medicine. https://www.ncbi.nlm.nih.gov/pmc/articles/PMC5466825/

Kronvall, A. (n.d.). *Facts about Greenland.* Nordic Co-operation. https://www.norden.org/en/information/facts-about-greenland

Landslides and mudslides. (2018, January 12). Centers for Disease Control and Prevention. https://www.cdc.gov/disasters/landslides.html

Langley, L. (2016, October 29). *A frog whose babies pop out of its back and more freaky animals.* National Geographic. https://www.nationalgeographic.com/culture/article/animals-halloween-bats-scary-freaky

Lăpuşneanu, D. (n.d.). *87 Australian slang terms to help you speak like a true Aussie.* Mondly. https://www.mondly.com/blog/2020/05/14/87-australian-slang-terms-speak-aussie/

Lavrov, I. (2021, July 27). *Mozilla Firefox logo design—history, meaning and evolution.* Turbologo Blog. https://turbologo.com/articles/mozilla-firefox-logo/

Leatherback turtle facts. (2019). World Wildlife Fund. https://www.worldwildlife.org/species/leatherback-turtle

Littlechild, C. (2021, June 10). *The strange underwear requirement baseball umpires have to follow.* Grunge. https://www.grunge.com/433937/the-strange-underwear-requirement-baseball-umpires-have-to-follow/

Lohnes, K. & Sommerville, D. (n.d.). *Battle of Thermopylae.* Britannica. https://www.britannica.com/event/Battle-of-Thermopylae-Greek-history-480-BC

Manfred, T. (2014, June 12). *The real reason Americans call it "soccer" is all England's fault.* Business Insider. https://www.businessinsider.com/why-americans-call-it-soccer-2014-6

Mark, J. J. (2013, November 14). *Alexander the Great.* World History Encyclopedia. https://www.worldhistory.org/Alexander_the_Great/

McLoughlin, C. (n.d.). *Sports trivia questions for kids.* SignUp Genius. https://www.signupgenius.com/sports/kids-trivia-questions.cfm

McMahon, S. (2017, July 13). *The ultimate guide to Olympic snowboarding at PyeongChang 2018.* Onboard Magazine. https://onboardmag.com/news/snowboarding-events/ultimate-guide-olympic-snowboarding-pyeongchang-2018.html#ABzTv8XUZgz71sHj.97

Migiro, G. (2018, July 19). *The major religions of Asia.* WorldAtlas. https://www.worldatlas.com/articles/the-major-religions-of-asia.html

Mitsopoulou, T. (n.d.). *The color blue for repelling evil.* Greece Travel. https://www.greecetravel.com/archaeology/mitsopoulou/blue.html

Morocco. (n.d.). UNESCO World Heritage Centre.

176

https://whc.unesco.org/en/statesparties/ma

Murray, B. (n.d.). *Were the Neanderthals smarter than we are?* Fortinberry Murray. https://www.fortinberrymurray.com/todays-research/were-the-neanderthals-smarter-than-we-are

Muzzaffar, M. (2021, July 27). *Watch: Chinese city of Dunhuang swallowed up by gigantic wall of sand.* The Independent. https://www.independent.co.uk/climate-change/china-dunhuang-sandstorm-desert-video-b1891141.html

NAACP. (2016). NAACP. https://naacp.org

Newman, D. (2022, February 12). *20 coldest countries in the world [2022 Coldest Country].* What's Danny Doing? https://www.whatsdannydoing.com/blog/coldest-countries-in-the-world

North America Facts. (2022, May 11). Facts.net. https://facts.net/north-america-facts/

Norway offers tuition-free quality education. (n.d.). University of Bergen. https://www.uib.no/en/education/109728/norway-offers-tuition-free-quality-education

Noses and ears continue to grow as we age. (n.d.). The Dr. Oz Show. https://www.drozshow.com/noses-ears-grow-with-age

Nowak, C. (2018, February 12). *The world's longest place name has 85 letters — see if you can pronounce it.* Business Insider. https://www.businessinsider.com/the-worlds-longest-place-name-has-85-letters-see-if-you-can-pronounce-it-2018-2

Oct 4, 1957 CE: USSR launches Sputnik. (n.d.). National Geographic Society. https://www.nationalgeographic.org/thisday/oct4/ussr-launches-sputnik/

O'Leary, M.B. & Iandoli, E. (2013, May 30). *How the turtle got its shell—clues revealed by fossils.* Elsevier Connect. https://www.elsevier.com/connect/how-the-turtle-got-its-shell-clues-revealed-by-fossils

Orca killer whale vs. great white shark: who wins in a fight? (n.d.). Nature Noon. https://naturenoon.com/orca-killer-whale-vs-great-white-shark/

Our top 10 sporting facts to satisfy your sports trivia appetite. (2016, August 17). Challenge Trophies. https://www.challengetrophies.co.uk/blog/top-10-sporting-facts-sports-trivia/

Patel, P. (2022, April 20). *When and why did we start using math symbols?* Science ABC. https://www.scienceabc.com/pure-sciences/start-using-math-symbols.html

Payne, L. (n.d.). *What animals cannot walk backwards?* Pets on Mom. https://animals.mom.com/animals-cannot-walk-backwards-3794.html

Pele's curse: why you should never take lava rocks from Hawaii. (n.d.). Hawaii Guide. https://www.hawaii-guide.com/why-you-should-never-take-lava-rocks-from-hawaii

'Pinocchio effect' confirmed: when you lie, your nose temperature rises. (2012, December 3). ScienceDaily. https://www.sciencedaily.com/releases/2012/12/121203081834.htm

Plants. (n.d.). British Antarctic Survey. https://www.bas.ac.uk/about/antarctica/wildlife/plants/

Poison dart frog. (n.d.). National Geographic Kids. https://kids.nationalgeographic.com/animals/amphibians/facts/poison-dart-frog

Prostak, S. (2012, August 1). *Study finds shark teeth as hard as ours.* Science News. http://www.sci-news.com/biology/article00499.html

Qin, A. & Chien, A. C. (2022, April 7). *When you hear Beethoven, it's time to take out the trash (and mingle).* The New York Times. https://www.nytimes.com/2022/02/08/world/asia/taiwan-waste-management-beethoven.html

Culture in South America. (n.d.). The South America Specialists. https://www.thesouthamericaspecialists.com/node/471

Kiwi facts. (n.d.). Rainbow Springs Nature Park. https://www.rainbowsprings.co.nz/kiwi-conservation/kiwi-facts/

Top ten awesome facts about frogs. (n.d.). Earth Rangers. https://www.earthrangers.com/top-10/top-ten-awesome-facts-about-frogs/

Rogozinski, D. (2020, November). *7 world history facts that will amaze your kids.* Study.com. https://study.com/blog/7-world-history-facts-that-will-amaze-your-kids.html

Rosa Parks. (2022). NAACP. https://naacp.org/find-resources/history-explained/civil-rights-leaders/rosa-parks

The Rosetta Stone. (n.d.). Khan Academy. https://www.khanacademy.org/humanities/ancient-art-civilizations/egypt-art/x7e914f5b:late-period-ptolemaic-and-roman-periods/a/the-rosetta-stone

Saiidi, U. (2018, February 21). *Australia's banknotes may be the most advanced in the world.* CNBC. https://www.cnbc.com/2018/02/21/australian-banknotes-one-of-the-most-advanced-in-the-world.html

SaltWire Network. (2017, October 2). *Spell numbers until you find the letter A.* SaltWire. https://www.saltwire.com/cape-breton/opinion/spell-numbers-until-you-find-the-letter-a-20263/

The Samburu Tribe of Kenya and East Africa. (2022). Siyabona Africa. https://www.siyabona.com/samburu-tribe-kenya-culture.html

Sengupta, S. (2022, March 8). *Holi 2022: 5 traditional foods to enjoy on Holi.* NDTV Food. https://food.ndtv.com/food-drinks/holi-2019-5-traditional-foods-to-enjoy-on-holi-2001236

Sengupta, T. (2021, November 23). *NASA posts pic of a blue sunset on the Red Planet. Seen viral share yet?* Hindustan Times. https://www.hindustantimes.com/trending/nasa-posts-pic-of-a-blue-sunset-on-the-red-planet-seen-viral-share-yet-101637655239320.html

7 other reasons to visit Africa. (n.d.). World Expeditions. https://worldexpeditions.com/Blog/reasons-to-visit-africa

Short history of sundials. (2019, April 27). European Association for Astronomy Education. https://eaae-astronomy.org/find-a-sundial/short-history-of-sundials

Shvili, J. (2021, March 11). *How many countries are there in Asia?* WorldAtlas. https://www.worldatlas.com/articles/how-many-countries-are-in-asia.html

Silly trivia. (2015). Signal Station Pizza. http://www.signalstationpizza.com/trivia.html

Sissons, C. (2020, June 7). *How much blood is in the human body?* Medical News Today. https://www.medicalnewstoday.com/articles/321122

Small, M. F. (2007, July 6). *Mummy reveals Egyptian*

queen was fat, balding and bearded. Live Science. https://www.livescience.com/7336-mummy-reveals-egyptian-queen-fat-balding-bearded.html

Smarter than you think: Renowned canine researcher puts dogs' intelligence on par with 2-year-old human. (2009). American Psychological Association. https://www.apa.org/news/press/releases/2009/08/dogs-think

Songkran festival: Everything you need to know. (2015, December 9). Hostelworld Blog. https://www.hostelworld.com/blog/songkran-everything-you-need-to-know/

South America map. (n.d.). InfoPlease. https://www.infoplease.com/atlas/south-america

Spector, D. (2019, July 25). Why extreme heat turns train tracks into spaghetti. Business Insider. https://www.businessinsider.com/why-train-tracks-buckle-in-extreme-heat-2013-7

Staff Writer. (2020, April 13). What is the longest recorded flight of a chicken? Reference.com. https://www.reference.com/pets-animals/longest-recorded-flight-chicken-5abd0ed8b465850f

The story behind the Mozilla Firefox logo. (2019, June 14). Free Logo Design. https://www.freelogodesign.org/blog/2019/06/14/the-story-behind-the-mozilla-firefox-logo

Strege, J. (2022, February 3). How astronaut Alan Shepard brought golf to space 51 years ago with his celebrated "Moon shot." Golf Digest. https://www.golfdigest.com/story/alan-sheperd-apollo-14-moon-shot-50th-anniversary-history

Team Mighty. (2022, May 8). 20 rare and weird facts about World War 2. We Are the Mighty. https://www.wearethemighty.com/lists/21-rare-and-weird-facts-about-world-war-2/

Technology and invention. (2022). Britannica Kids. https://kids.britannica.com/kids/article/Technology-and-Invention/353296

10 facts about Ancient Egypt. (n.d.). National Geographic Kids. https://www.natgeokids.com/uk/discover/history/egypt/ten-facts-about-ancient-egypt/

10 interesting facts about the dead sea. (2022, June 14). On the Go Tours Blog. https://www.onthegotours.com/blog/2019/05/facts-about-the-dead-sea/

Ten largest American Indian tribes. (2017, February 28). Infoplease. https://www.infoplease.com/us/society-culture/race/ten-largest-american-indian-tribes

The 10 most venomous animals in the world! (2020, October 30). AZ Animals. https://a-z-animals.com/blog/the-10-most-venomous-animals-on-earth/

Top 10 facts about the Mayans! (n.d.). Fun Kids. https://www.funkidslive.com/learn/top-10-facts/top-10-facts-about-the-mayans/

Torgan, C. (2014, March 31). Humans can identify more than 1 trillion smells. National Institutes of Health. https://www.nih.gov/news-events/nih-research-matters/humans-can-identify-more-1-trillion-smells

The Trajan's markets and Trajan the Roman Emperor. (2022). Italy Travels. https://www.museumsrome.com/en/our-blog-on-rome/the-trajan-s-markets-and-trajan-the-roman-emperor

20 cool facts about maths. (n.d.). Maths-whizz. https://www.whizz.com/blog/20-cool-facts-maths/

Visitthecapitol.gov. (n.d.). https://www.visitthecapitol.gov/sites/default/files/images/Podcast/EP9/EP9-RosaParksReflections-MASTER-Mixdown.cleanCL2.pdf

Wei-Haas, M. (2018, January 15). Volcanoes, explained. National Geographic. https://www.nationalgeographic.com/environment/article/volcanoes

What food do Thai people eat at Songkran? (n.d.). Meat and Supply Co. https://www.meatandsupplyco.com/what-food-do-thai-people-eat-at-songkran/

What is an earthquake and what causes them to happen?. (2013). U.S. Geological Survey. https://www.usgs.gov/faqs/what-earthquake-and-what-causes-them-happen

What is the difference between "magma" and "lava"? (n.d.). U.S. Geological Survey. https://www.usgs.gov/faqs/what-difference-between-magma-and-lava

What is the highest point on Earth as measured from Earth's center? (2022, January 19). NOAA. https://oceanservice.noaa.gov/facts/highestpoint.html

What is the longest putt ever made in golf history, certified by Guinness? (2017, April 5). Golf News Net. https://thegolfnewsnet.com/golfnewsnetteam/2017/04/05/longest-putt-ever-made-golf-history-guinness-world-record-101932/

When were potatoes used as currency? (n.d.). G. Visser & Sons. https://gvisser.ca/fun-fact/when-were-potatoes-used-as-currency/

Why do airplanes avoid flying over Pacific Ocean and Mt Everest? (2020, February 10). India Today. https://www.indiatoday.in/lifestyle/travel/story/why-do-airplanes-avoid-flying-over-pacific-ocean-and-mt-everest-1643604-2020-02-05

Why mosquitoes are the deadliest animal in the world. (2022). Terminix Triad. https://www.terminix-triad.com/about/our-blog/why-mosquitoes-are-deadliest-animal-world

Wilkinson, F. (2019, January 22). Want to climb Mount Everest? Here's what you need to know. National Geographic. https://www.nationalgeographic.com/adventure/article/climbing-mount-everest-1

Your guide to the world. (n.d.). Nations Online. Www.nationsonline.org. https://www.nationsonline.org/oneworld/africa.htm

Your mouth produces about one litre of saliva each day! (2021, March 7). Croucher Science Week. https://croucherscienceweek.hk/everyday-science/saliva/